CB141000

W. R. BION:
UMA TEORIA PARA O FUTURO

Blucher

W. R. BION: UMA TEORIA PARA O FUTURO

Associação Francesa de Psiquiatria

Tradução

Lúcia Helena Siqueira Barbosa

Uraci Simões Ramos

W. R. Bion: uma teoria para o futuro
Titulo original: *W. R. Bion, une théorie pour l'avenir*

Publisher Edgard Blücher
Editor Eduardo Blücher
Coordenação editorial Jonatas Eliakim
Produção editorial Lidiane Pedroso Gonçalves
Preparação de texto Ana Lúcia dos Santos
Diagramação Negrito Produção Editorial
Revisão de texto Vânia Cavalcanti
Capa Leandro Cunha
Imagem da capa iStockphoto

Blucher

Rua Pedroso Alvarenga, 1245, 4º andar
04531-934 – São Paulo – SP – Brasil
Tel.: 55 11 3078-5366
contato@blucher.com.br
www.blucher.com.br

Segundo o Novo Acordo Ortográfico, conforme 6. ed. do *Vocabulário Ortográfico da Língua Portuguesa*, Academia Brasileira de Letras, julho de 2021.

Dados Internacionais de Catalogação na Publicação (CIP)
Angélica Ilacqua CRB-8/7057

Association Française de Psychiatrie
W. R. Bion : uma teoria para o futuro / Association Française de Psychiatrie ; tradução de Lúcia Helena Siqueira Barbosa, Uraci Simões Ramos. – São Paulo : Blucher, 2022.
222 p.

Bibliografia
ISBN 978-65-5506-427-8

1. Psicanálise. 2. Bion, Wilfred Ruprecht. I. Título. II. Barbosa, Lúcia Helena Siqueira. III. Ramos, Uraci Simões.

22-4519 CDD 150.195

Índice para catálogo sistemático:
1. Psicanálise

Conteúdo

Homenagem a W. R. Bion

Professor Jean-Jacques Kress[1]

Desde 1984, a Associação Francesa de Psiquiatria tem consagrado várias reuniões importantes sobre as questões que envolvem as funções da teoria em psiquiatria, e também sobre a personalidade do próprio psiquiatra. O tema tinha sido lançado à época das jornadas regionais de Brest, retomado e amplificado nas de 1986, precisamente sobre as funções do pensamento teórico. O fato mais significativo, a partir desses encontros, reagrupando psiquiatras de orientações bastante diversas, foi que as discussões e as trocas, senão exclusivas e polêmicas, foram possíveis e fecundas. Dois números importantes da *Revista Francesa de Psiquiatria* consagrados às jornadas são um testemunho.

Ao mesmo tempo, em Bordeaux, por iniciativa de Demangeat, realizou-se, em 1985, uma reunião da Associação Francesa de Psiquiatria sobre o tema da contribuição kleiniana à clínica e à terapia da esquizofrenia. Tratava-se de explorar o impacto de uma das

1 Professor, médico-chefe de psiquiatria de adultos do Centro Hospitalar Regional de Brest-Bohars.

orientações teóricas da psicanálise sobre um dos problemas mais preocupantes da psiquiatria.

Eis-nos aqui, hoje, diante da obra de W. R. Bion, reunidos em homenagem à sua pessoa e ao seu pensamento, por ocasião do 10º aniversário de sua morte, e eu gostaria de registrar que nosso interesse por seu pensamento está alinhado não aos debates da sociedade de psicanálise, mas aos da nossa Associação de Psiquiatria, que se interroga, como já mencionei, sobre o funcionamento psíquico na sua relação com a teoria. O pouco que conheço da obra de Bion me leva a dizer que nós encontraremos nela um meio de exprimirmos a gênese da atividade do pensamento, que se manifesta como uma tarefa imposta ao psiquismo e contra a qual, simultaneamente, ele luta com tanta violência.

Tenho a impressão de que Bion nos mostra que esse apetite pelas elaborações teóricas, tão frequente entre os psiquiatras, representa as forças negativas, já em operação, nos processos mais primitivos da gênese psíquica. Ele nos mostra ainda que esse debate e essa busca, em relação à teoria, não são estranhos ao desastre psicótico.

Quero agradecer a S. D. Kipman, secretário-geral da Associação Francesa de Psiquiatria, que deu início a estas jornadas, com a organização e a ajuda de Prosper Chaboche; e, de forma especial, quero homenagear a Sra. Francesca Bion, esposa e colaboradora de W. R. Bion, que nos deu a honra de presidir esta jornada. Agradeço também a todos os participantes, conhecedores dessa obra, que se dispuseram a nos dar diversos esclarecimentos.

Paris, 2 de outubro de 1989.

W. R. Bion hoje

Simon-Daniel Kipman

Começamos a falar seriamente de W. R. Bion na França e não paramos mais. Contudo, ele é conhecido há muito tempo por pequenos grupos. Aqueles que o rodeavam, rapidamente, consideraram-no um autor importante, um mestre, um gênio. Vejam que, desde as primeiras frases, sou conduzido pelas palavras. Certamente, ele não teria gostado que o nomeássemos "mestre". Teria preferido ser visto como referência, um farol marítimo.

Qualquer que seja a natureza da obra, o momento de fazer o balanço é constante. Bion insistiu muito sobre o fato de que a psicanálise se pratica em dois tempos: o tempo da ação; e o tempo da reflexão. O tempo da reflexão pode se subdividir em tempo da conceituação e tempo das estruturas formais.

Este ensaio responde a esta exigência: cada um dos participantes, após um longo tempo de confrontação com Bion, veio expor – de fato, improvisar – uma elaboração que, dessa maneira, submete-se a uma primeira prova afetiva, passional. São os efeitos de discursos de tribuna.

Atualmente, trata-se de se submeter a paixão à escrita e de comunicar-se, mais calmamente, por intermédio da mídia impressa.

No decorrer de sua vida, Bion soube utilizar todos os canais de comunicação: cartas íntimas; artigos científicos; entrevistas em pequenos grupos; discussões amistosas; relatos romanceados. Se, atualmente, conhecemos o essencial de sua obra, por meio das traduções de seus livros, ainda há muito a saber, por cópia de cassetes gravados, graças ao incansável trabalho de Francesca Bion. Falta-nos o contato com o homem. E, ao longo dos textos que se seguem, a diferença entre os que o encontraram e aqueles que o leram é perceptível. A obra de Bion não é uma obra fácil. Ela não se presta a uma exegese, palavra por palavra, mas é uma obra em que se pode seguir sua construção, podem-se identificar as linhas de força, os pontos nodais sobre os quais Bion, incansavelmente, passou e repassou, mudando de enfoque, de estilo, de ponto de vista e de vértice. São trabalhos brilhantes, que cintilam e cegam, imediatamente, desde o início, desde o seu aparecimento, ou desde que foram enunciados. Com o tempo, muitos perderam o brilho; e damo-nos conta de que eles não corresponderam senão a uma necessidade de momento e de que se deixaram levar pela moda. Há outras que se construíram progressivamente, lentamente, que amadureceram; e que, gradativamente, devagar, invadiram o espírito dos leitores. A obra de Bion é dessa natureza. É, sem dúvida, uma das características das obras psicanalíticas fundamentais elas desencadearem, inicialmente, surpresa e reticências antes de serem aceitas. Começamos a descobrir – graças à experiência repetitiva de gerações – que a psicanálise e sua teorização não são inatas, que um dom não é suficiente..., mas que uma exigência interna de evolução implica uma dupla experiência: uma experiência pessoal e social (muitos psicanalistas têm – e eu acredito que seja bom – uma experiência profissional anterior ou um segundo trabalho), e sua duplicação na psicanálise (a saber, uma experiência pessoal de análise, certamente, mas, também uma sólida experiência de analista). Porque, afinal, do que fala a psicanálise senão do amadurecimento do pensamento por meio da experiência emocional? Então, como nos surpreendermos se, para escrever, para produzir um trabalho teórico, é preciso já tê-lo, verdadeiramente, experimentado? Os trabalhos psicanalíticos mais importantes, a começar pelos de Freud, são obras da maturidade. Trata-se sempre de uma construção a partir de e depois de uma longa sequência de ensaios e erros. Para facilitar a abordagem de uma obra complexa, convém tentar dispô-la em séries, dividi-la e tentar análises parciais. A visão de Bion presta-se, facilmente, a esse tipo de desmembramento, na medida em que ela foi marcada por rupturas.

Algumas pessoas acreditaram poder descrever fases em sua cronologia histórica. O período psicanalítico de acontecimentos traumáticos teria forjado sua personalidade e fornecido embasamento à sua teoria; em seguida, os anos de aprendizagem em que foi um bom aluno de Melanie Klein; e ainda, enfim, a explosão final, à qual as más-línguas acrescentaram um período de envelhecimento com preocupações místicas. O estudo sobre grupos é bastante difícil de incluir nessa série.

Na extraordinária introdução que André Green escreveu para *Entrevistas Psicanalíticas*, ele distingue, para facilitar sua exposição, três períodos na obra psicanalítica de Bion.

O primeiro vai dos pequenos grupos aos artigos dos anos 1950. É um período durante o qual Bion tem uma atividade de psiquiatra (o início dos grupos) e de jovem psicanalista. O trabalho sobre os grupos já seria suficiente para assegurar-lhe glória como psicossociólogo, mas os artigos desse período só adquirem valor posteriormente (após novas experiências).

O segundo período gira em torno das formulações teóricas dos anos 1960. Durante esse período, ele lidera uma linha de atividade de psicanalista público – quero dizer, no interior de instituições importantes, como a Tavistock Clinic e a Sociedade Britânica de Psicanálise – e uma formulação sistemática de suas ideias. Ele estabelecia, então, seu lugar essencial no interior do grupo psicanalítico. Por fim, o período californiano, que termina ou atinge seu ponto culminante com *Mémoire du Futur*. É o período em que o pensamento solitário, mesmo por meio das discussões e dos múltiplos encontros, engaja-se no social, e em que sua obra se aperfeiçoa.

Foi com certo atraso que a França descobriu Bion. Fora da Inglaterra, era considerado, primeiramente, um membro do clã kleiniano; os Estados Unidos, a América do Sul e os países de língua espanhola e, depois, a Itália logo se interessaram por sua obra. O acolhimento francês foi mais incerto. Podemos buscar as razões desse atraso relativo, invocando algumas causas histórico-anedóticas. Não tivemos conhecimento de suas obras em tradução francesa na sua versão original e assim que apareceram. Ainda mais, as traduções não são homogêneas. Sem dúvida, um dia, como o foi para Freud, com quem ele parece repartir o destino, serão necessárias negociações delicadas para que possamos nos beneficiar das obras completas de W. R. Bion. É verdade que os primeiros volumes que apareceram na Editora Gallimard apareceram graças a André Green e a J. B. Pontalis e não foram sucesso de vendas. Também é verdade que Bion é difícil de traduzir, como mostram os obstáculos encontrados durante a tradução de *Une Mémoire du Futur*.

Outra razão reside, sem dúvida, na sombra projetada por Lacan sobre a psicanálise francesa. Hoje, só podemos constatar que a onda lacaniana, por sua importância intelectual e social, de fato freou a descoberta de outros autores psicanalistas. Particularmente, apesar do interesse que Lacan tinha por Melanie Klein, os psicanalistas anglo-saxões foram mal-recebidos por todo um período.

Temos a impressão de que as batalhas ideológicas, furiosas, às quais os psicanalistas franceses se engajaram em torno de Lacan, batalhas que tiveram origem em dissidências e reprodução de divisões múltiplas, só deixaram poucos lugares às ideias psicanalíticas diferentes.

Esse é o eco do que teve de viver Bion durante sua formação e seu início psicanalíticos na guerra em que se opunham os alunos e amigos de Anna Freud e os seguidores de Melanie Klein (cf. Phyllis Grosskurth, P. Melanie Klein e D. W. Winnicott, *Lettres vives*). [1]

Bem esquematicamente, pode-se dizer que, na Inglaterra, não houve dissidência, mas Bion foi obrigado a deixar o país para desenvolver livremente seus trabalhos.

Foi tão difícil e pouco visível o súbito aparecimento de um autor como Bion na França. Da mesma forma, rendeu tantas dificuldades a aproximação de sua obra com a de J Lacan. Profundas divergências os separam. Tanto um como o outro se interessam pelas formulações matemáticas, mas ainda que, para um, trate-se de dobrá-las às suas exigências teóricas, servindo-se de seu hermetismo abstracionista, para o outro, elas servem para mostrar a complexidade das metáforas supersaturadas de sentido e para colocar questões aos matemáticos. Um e outro só têm de dar sustentação importante aos mecanismos e às leis da linguística; um para construir a base do funcionamento psíquico, o outro para reduzir as armadilhas de um instrumento incontornável e insatisfeito.

Um e outro se interessam pela filosofia: um para se aproximar da psicanálise, o outro para diferenciar-se dela radicalmente. Tanto um como o outro foram bons oradores, cujos seminários se constituíram em fonte de encantamento para seus ouvintes. Tanto um

---

1 Texto de Donald Wood Winnicot (1989) endereçado a muitos psicanalistas e até a um fabricante de bonecas.

como o outro, enfim, interessaram-se pela psicose, a fim de tirarem lições sobre as bases do funcionamento inconsciente. É preciso acrescentar que, ainda que tenha tido origem francesa, Bion tinha um estilo terrivelmente inglês: humor e racionalismo, erudição e misticismo são desorientadores, em um primeiro momento, para o leitor que se alimenta do cartesianismo e da filosofia da Gália cristã. O "gênio francês" se pretende, às vezes, claro e ágil (o que Bion não é imediatamente; mesmo que seu pensamento, cada vez mais, torne-se límpido sem perder nada de sua complexidade, quando o conhecemos melhor).

Em registros diferentes, tanto Bion como Lacan, souberam mostrar o quanto, em todo discurso, encontravam impactos e ambiguidades e zonas de sombra e luz.

Bion situa-se como "gênio", segundo sua própria definição, não importa a qual grupo ele se dirija: seja o grupo constituído sob o modo dependência do líder (como os grupos lacanianos), seja de ataque-fuga (como, em certa época, definia o grupo francês de psicanalistas ortodoxos, ou ainda como os psicanalistas americanos que dominavam a Associação Psicanalítica Internacional). Isto é, ele se recusa a vangloriar-se e submeter-se às hipóteses de base do grupo que colocariam, este mesmo grupo, em situação, seja de revelar-se, seja de se fazer rejeitar ou ainda de permitir aos membros do grupo e, de repente ao grupo, amadurecer e, assim, adquirir maior liberdade de espírito.

Dessa maneira, Bion, em um primeiro momento, só pode ser percebido como um turbilhão da faculdade de pensar em círculo, como um detonador do espírito.

Desde 1985, conhecemos as pesquisas sobre os pequenos grupos, na tradução francesa de *Experiências com grupos*, lançado em 1961. A passagem de "Experiências" para "Pesquisa" já me parece reveladora do que tentei dizer sobre a resistência francesa às ideias de Bion: "experiências" tem um duplo sentido, em que a ambiguidade é necessária à proposta: experiência vivida, emocional e experiência científica. "Pesquisa" acentua o raciocínio consciente e o caminho a percorrer. Esse livro foi um grande sucesso, e não compreendemos por que Bion não permaneceu preso à etiqueta que, devotamente, colocamos nele: a de um especialista da terapia de grupo. Artigos esparsos permitiram catalogá-lo como um aluno brilhante de Melanie Klein. Contudo, suas obras eram, decididamente, de leitura muito difícil, demandando um grande esforço por parte do leitor. Esse esforço é, de resto, menos um esforço de compreensão do que de adaptação e de transformação, de ritos de passagem bionianos à linguagem própria do leitor.

Pouco a pouco, no entanto, a ideia de que existia um autor importante caminhava, desenvolvia-se, tomava corpo aqui ou lá, espontaneamente, no interior de grupos constituídos, dos psicanalistas que se reuniam para falar de Bion, para estudar Bion, para organizar os conhecimentos que tinham das abordagens de Bion. Estes, isolados, não se conheciam, não se encontravam. Nenhum grupo bioniano se constituía. Para alguns, ele aprofundava os dados kleinianos. Para outros, ele era um psicanalista que retomava a tradição e a mensagem freudiana. Veremos aparecer essas diferenças de avaliação nos textos que se seguem. Pouco a pouco, pelos seus estudos sobre grupos e, depois, por intermédio de fórmulas (capacidade sonhadora da mãe, continente/conteúdo, mudanças catastróficas), ou pelos métodos representativos, ainda que fossem dificilmente utilizáveis (a grade), ele foi, cada vez mais, citado nos trabalhos dos estudos de psicologia. Seu nome, hoje, é conhecido, mas sua obra é menos, em particular no que diz respeito ao trabalho sobre mecanismos do pensamento e ao lugar das emoções e do misticismo no pensamento.

Já é tempo de uma manifestação importante reunir os admiradores de Bion.

Preciso falar um pouco sobre a manifestação que está na origem deste livro. Em outubro de 1989, a Associação Francesa de Psiquiatria organizou uma jornada consagrada a W. R. Bion, por ocasião do 10º aniversário de sua morte.

Por que uma associação de psiquiatras em vez de uma associação de psicanalistas? Provavelmente porque seria preciso, para Bion e para estudos mais aprofundados, ultrapassar os combates de ideias ou de escolas, criando uma espécie de território extra; e também porque Bion, para além do interesse que conferia à psicose, é um psiquiatra que jamais perdeu de vista, mesmo por ocasião de seus voos teóricos mais abstratos, a dimensão clínica e terapêutica da psicanálise. A liberdade de pensamento, que é um dos objetivos da maturidade e da crença operada mediante o trabalho psicanalítico, tem como efeito acalmar a dor, permitir ao paciente defender-se melhor, suportar melhor (no duplo sentido de saúde e de suporte).

Essa manifestação reuniu algo em torno de 400 pessoas atentas, surpresas por descobrirem um autor ou de se darem conta de que não estavam isolados. Essa foi uma boa ocasião para criar ou reencontrar uma ligação entre os diversos elementos conhecidos de sua vida e os vários aspectos de sua obra.

Antes de entrar em detalhes sobre a obra de Bion, é preciso lembrar que, se os franceses levaram tempo para reconhecer a importância de Bion, este colóquio teve e manteve laços privilegiados com nosso país.

Isto é o que A. Green, com carinho, escreveu para nós.

Notas de tradução

[N.T.]. Todos os textos de introdução dos diferentes artigos são de S. D. Kipman.

[N.T.]. Todos os destaques, grifos, itálicos, textos entre parênteses, nomes, expressões em inglês, italiano ou latim pertencem aos textos.

[N.T.]. Incluímos o subtítulo "Introdução" aos textos introdutórios, sem nome, colocados entre um artigo e outro. Assim o fizemos, acredito, para maior clareza e organização do trabalho. Esses textos não são nomeados no original, mas os indicamos, conforme mencionado.

1. Carta aberta a Wilfred Ruprecht Bion

André Green

Caro Dr. Bion,

Em cartas anteriores, aconteceu de o senhor se desculpar pelo atraso em responder-me. Desde o momento em que adotou, em nosso primeiro encontro, e a partir de minha citação, a frase de Blanchot, "A resposta é a desgraça da pergunta", o senhor compreenderá meu atraso. Visto que, após ter escrito, em 1979, o prefácio das "Conferências Psicanalíticas" (edição francesa das Conferências Brasileiras), eu soube de vossa morte com dolorosa surpresa. Involuntariamente, este prefácio tornou-se "As exéquias de Bion", expressão que se deveu à vossa filha, Parthenope, como ela me disse, recentemente, em Roma.

Hoje, eu escrevo para dialogar com o senhor sobre um assunto que me leva a pedir vossa ajuda. A Associação Francesa de Psiquiatria me solicita vos apresentar, por ocasião do 10º aniversário de vossa morte. Essa celebração acontece alguns dias após o cinquentenário da morte de Freud. O vínculo entre Freud e o senhor testemunha a alta estima com a qual o público francês o distingue. Como estamos muito longe da celebração do centenário de vosso nascimento (1997 não é amanhã), aproveitamos o primeiro pretexto para vos homenagear. Certamente, com vosso espírito realista – pessimista, diria Francesca Bion –, observareis, como eu, com certa desconfiança, o fato de celebrar a morte de alguém que admiramos. De qualquer modo, aforismo frequentemente citado pelo senhor, "ele foi coberto de honras e sombras sem deixar traço"! Se indicar o medo de conhecer tal sorte e o desejo de escapar dela, mostra que vós não tendes nada a temer da aurora do esquecimento (The dawn of oblivion).

Eis-me aqui, portanto, bem atrapalhado. O que dizer em exíguos vinte minutos? Vossa modéstia até afirmaria que é demasiado para uma obra tão humilde, comparando com a imensidão de vossa ignorância. Mas, visto de nosso ângulo, vossa obra é que parece imensa, e, sem limites, a nossa ignorância. Eu me encontro assim, na posição dos ladrões do cemitério real de Ur, da fábula contada por vós, por ocasião da primeira de vossas conferências brasileiras. "À morte do rei", toda corte, em cortejo, entrou em uma caverna chamada, a partir de então, "O túmulo da morte"; aí, vestidos com suas mais belas roupas e adornados com suas joias, todos beberam o veneno em uma pequena taça que, depois, será encontrada junto a cada um dos corpos.

Quatrocentos anos mais tarde, sem barulho, os túmulos foram roubados. Isso representou um ato de coragem, pois o cemitério tinha sido santificado com a morte e o sepultamento da família real. Podemos ver nestes ladrões os pais do método científico, conforme Bion 1973/1974a), "os primeiros a ousarem forçar as sentinelas espirituais dos mortos e de seus sacerdotes".[1]

Não estamos a 400 anos de vossa morte, mas, apenas a 10 anos. O reino de Ur é o prefixo que designa, na obra de Freud, tudo o

1 Bion, W. R. (1973/1974). *Entretiens psychanalytiques*. PUF.

que decorre do inaudito e do originário, o domínio da psicanálise que tendes tanto ajudado a conhecer. A tumba real é aquela onde vós repousais com vossas obras. O ladrão, que sou eu, tem tantas riquezas sob seu olhar que não sabe o que escolher para carregar, pois o que ele tem diante de si é muito mais que sua sacola pode conter. O conteúdo não cabe no continente, é preciso selecioná-lo, de fato.

Então, escolhi falar de uma parte pouco conhecida de vossa pessoa (outros falarão de vossa obra): é a parte de vossas relações com a França. Creio recordar que o senhor me disse, ao longo de uma de nossas conversações, que teríeis origens francesas longínquas, vindo daí a sonoridade de vosso nome. A França entra em vossa vida sob o signo do horror. Foi na Batalha de Cambrai, em que servistes no Regimento Real de Tanques, em 1917, que conhecestes as angústias impensáveis de ser queimado vivo neste continente de ferro e aço, que não permite escapatória alguma. Dura prova para um homem jovem de 19 anos. Vossa coragem equivale a duas decorações: a muito estimada DSO (Distinguished Service Order) e a que vós jamais vangloriastes diante de mim: a Légion d'honneur. O senhor consagrou a essa espantosa carnificina uma parte importante de vossa autobiografia. Enquanto, em outros livros empregastes, de bom grado, o estilo fantástico, a vossa relação com a Primeira Guerra Mundial é de uma sobriedade e de um pudor acentuados, minimizando vossos méritos. Mais tarde, em outro livro, o senhor citou Tartarin de Tarascon. Sua consciência o proclama: "Cobre-te de glória", enquanto escuta outra voz lhe dizer: "Cobre-te com flanela". O senhor não violou a regra do "understatement" britânico. Essa experiência o terá marcado por toda a vida. Terá sido ela a responsável pela vossa aparência, que ousarei qualificar como depressiva? Ou, então, como é mais provável, não terá ela feito senão atualizar os traços que devem remontar à vossa Ur-infância? Sem dúvida. É preciso ainda recordar que Aristóteles já sublinhava a frequência com a qual os seres ilustres eram levados à melancolia. Mas deixemos os horrores da guerra e voltemos às delícias da paz.

O senhor passou um ano em Tours – não sei mais quando –, onde estudastes literatura francesa, coberta por Anatole France. Mais ainda, ensinastes história moderna e o francês na velha escola Bishop's Stortford College, no retorno de Oxford, onde permanecestes de 1919 a 1921. E dizer que, ao longo de todos os nossos encontros, o senhor jamais pronunciou uma só frase em nossa língua, deixando-me penar com o meu inglês de ocasião!

Nenhuma pessoa que escreveu sobre o senhor, após vossa morte, disse alguma coisa sobre vossa relação com a França. Contudo, fizestes alusão, na última página do "Rêve", a um ano de estudos na Universidade de Poitiers, colocada aí no lugar de Tours. Porque cada pessoa a essa altura coloca-o como britânico e tão impregnado de poesia inglesa! Francesca cita vosso gosto por Milton, Shakespeare, Keats, Shelley, aos quais se ajunta alguém do continente, Virgílio. Poderíamos imaginar, com razão, que o senhor jamais ouviu falar de Ronsard ou de Victor Hugo. É verdade que tornastes célebre a expressão de Keats sobre a "Capacidade do Negativo" que Shakespeare possui, mas esta não é uma razão para reforçar vossa autoacusação de ignorância.

[N.T.]. "De repente, fui atraído pela qualidade essencial à formação de um Art Man realizado, parcialmente, em Literatura, e que Shakespeare possuía em um grau enorme" – quero dizer, "a Capacidade Negativa, ou ainda a de permanecer dentro de incertezas, Mistérios e dúvidas, sem procurar buscar fato e razão".

Nós nos encontramos, pela primeira vez, no Simpósio de Topeka sobre os estados limítrofes, organizado pela Fundação Menninger, em abril de 1976. Eu havia dedicado à sua obra um seminário de um ano no Instituto de Psicanálise de Paris, em

1970-1971, e padeci tanto com vossos escritos (não traduzidos àquela época) que eram, ao mesmo tempo, profundos e difíceis. Mas defrontei-me com um pensamento verdadeiramente original, autenticamente novo e impregnado de experiência psicanalítica mais exigente e a mais ética. Eu destaco esse ponto.

Desde que conheci o senhor, fui tomado pelo fato de que o homem – não é sempre o caso – não era inferior, à obra, em qualidades. Já me haviam falado de vós. Eu encontrei no senhor mais doçura do que autoritarismo, mais abertura que opiniões fechadas, mais tolerância que dogmatismo. Meu entusiasmo era tal que fui acusado por um eminente colega de idealizá-lo. O fato é que eu não o idealizava.

Após tê-lo visitado em Los Angeles, onde o senhor, amigavelmente, me fez ver o jardim, o que tomei como um sinal de grande intimidade, e presenteou-me com seu último livro, eu o convidei a vir a Paris, o que o senhor fez em 1978. Nós começamos a nos corresponder. Pelo que se seguirá, espero que me autorizeis a usar nossa correspondência, isto é, as cinco cartas que possuo escritas de 1976 a 1979. Hoje, relendo as cartas, atribuo a elas uma ressonância afetuosa e paternal discreta, mas sensível. Àquela época, tinha tanta admiração e respeito pelo senhor que não percebia muito nitidamente os sentimentos humanos que me transmitias sob o disfarce de comunicar reflexões gerais e sempre profundas.

Hoje, aqui, esperávamos o Bion da teoria do pensamento e tivemos direito ao Bion das *Mémoires du Futur*, para as quais nada havia preparado o público, atraído pelas traduções recentes de vossas obras. Também, como um verdadeiro psicanalista, o senhor não estava onde nós o esperávamos e, assim, criáveis a surpresa que busca uma interpretação eficaz.

Ao retornar de Paris, em uma carta, o senhor respondeu a uma de minhas observações sobre as relações entre a visão macroscópica e microscópica, e a fronteira que as separa, e escreveu-me: "Racine, em Fedra, não nos forneceu uma indicação? Ele descreve uma tempestade afetiva, mas o fez com uma perfeita polidez". O senhor interessava-se, àquela época, pela turbulência emocional. Na verdade, aos cataclismas do pensamento. O senhor me deu vossas impressões da leitura sobre René Char, *Furor e mistério*, que eu lhe apresentara, o que foi motivo de vossa paixão. O senhor opunha a simplicidade da prosa de Leconte de Lisle (do qual procuravas a tradução da *Ilíada*, ainda que conhecesses a tradução da Odisseia) à rica complexidade da poesia de René Char. O senhor me falava do interesse por Patrice de La Tour du Pin. Com uma aproximação audaciosa, o senhor comparava o olhar pagão de Homero aos poemas impregnados de pensamento cristão de Du Pin e de Gerard Manley Hopkins de um lado e os poemas pré e pós-islâmicos, de outro. O senhor se surpreendia com a intolerância religiosa do Corão para com judeus e cristãos. A Índia de vossa infância tinha, pelo Islã, uma significação nova. O senhor nos convidava a aprofundar nossas reflexões sobre a onipotência para compreender o homem. Nossas pesquisas, pensava o senhor, são apenas um grão de cinzas nesta gigantesca tempestade. Uma expressão que retomas sempre em vosso texto, o que também caracteriza o sentido que o senhor dá à psicanálise, é o esforço para alcançar a civilização. Os neurobiologistas falam de cérebro reptiliano. Vossas *Mémoires du Futur* colocarão em cena os dinossauros que habitam em nós. Estes, não foram certamente, os mais cruéis dos monstros. Aliás, eles eram vegetarianos. Hanna Segal relatou-me que, em Los Angeles, mencionou certa vez uma das vossas afirmações passadas, em que declaráveis que a psicanálise tinha por objetivo alcançar a mudança no aparelho psíquico, que lhe permitisse aprender com a experiência. O senhor, sorrindo, teria lhe respondido: "Você sabe, é, sobretudo, como se você capturasse um tigre, dizendo a ele 'gentil pussy cat' ". O senhor inverte, dessa forma, o julgamento de alguém a quem me ocorre, frequentemente, comparar-vos: Jorge Luis Borges. Ele disse que Deus havia dado um gato ao homem para poder acariciar o tigre. Permita-me uma trivialidade, lembrando esta célebre publicidade: "Coloque um tigre em seu motor" (Put a tiger in your tank). Nós, os psicanalistas, sabemos que isso já acontece, ainda e sempre.

Vossa familiaridade com as pessoas do mundo das letras vos fez o analista de Beckett, como o revelou uma biografia publicada à época de nossa correspondência. Que essa biografia tenha sido escrita em nossa língua, dá-lhe o estatuto paradoxal de um dos maiores escritores contemporâneos de língua francesa, mesmo que descenda de James Joyce.

Logo que tomei consciência da importância que a poesia tinha para o senhor, eu me permiti presentear-lhe com a antologia da poesia francesa de Robert Sabatier. Eu não sabia, à época, que o senhor construíra o projeto de compor uma antologia de poesia para uso dos psicanalistas. O senhor chegou mesmo a escrever a introdução dessa antologia, da qual Francesca Bion publicou alguns fragmentos. Nessa introdução, o senhor escreveu: "Eu me dirijo aos poetas porque eles me parecem dizer alguma coisa que está além de minha capacidade e, entretanto, fazem-no de tal maneira que eu mesmo a escolheria se tivesse capacidade". Então, o senhor compartilha com Winnicott a ideia de que a poesia é uma das disciplinas fundamentais para o conhecimento do psiquismo.

Quando recebeu a antologia de Sabatier, o senhor me disse de seu interesse e fascínio na leitura do primeiro volume, que ia até a Idade Média e que teve tempo de ler em Maroutal, um departamento de Dordogne, Aquitaine, France, em que Bion passou férias. O senhor manteve a esperança de que a clareza do pensamento francês se estendesse a toda a psicanálise. Eu vos cito:

> *Creio que Freud estava impedido, mais do que tinha consciência, pela pobreza da comunicação verbal germânica. Eu me lembro de Wickham Steed, à época editor da Times, dizendo que, durante muito tempo, foi marcado pela profundidade da filosofia alemã, até que compreendeu que a "profundidade" do pensamento germânico era um artefato produzido pela ausência de um pensamento claro. Ao contrário, o que ele havia tomado como superficialidade do pensamento francês era, de fato, uma impressão própria da clareza de expressão do gênio francês.*

Esse comentário severo sobre a língua não atingia a música. E, se o senhor exprimia algumas reservas com relação a Wagner, não cessava de admirar as maravilhas de Bach.

Em resposta a uma de minhas observações sobre o babelismo na psicanálise, o senhor me respondeu que cada nação (raça, grupo, indivíduo) devia, primeiro, afastar sua própria concepção da psicanálise antes que ela se tornasse, verdadeiramente, uma "Psicanálise Internacional". Freud ficou inquieto com as dissidências que dividiam os psicanalistas, o senhor se lembra, ele esperava, ao contrário, uma integração. O senhor espera que, talvez, ela virá um dia "se não formos antes aniquilados da superfície da Terra".

Voltemos à limpidez francesa que o senhor tanto preza. Recordo-me que, por ocasião de vossa curta estadia em Paris, após termos visitado a exposição de Cézanne, o senhor resistiu bravamente a um bando de visitantes, e fomos tomar chá naquele domingo de tarde. Ali, devorando apetitosamente um doce ao creme Chantilly, o senhor me disse, entre dois bocados e para minha grande surpresa: "O que você pensa de Descartes?". Tive de engolir atravessado, tal foi minha surpresa. Minha resposta não tem importância alguma. Em compensação, observei que o senhor aproveitou as poucas horas de liberdade que lhe restavam para consultar, no Beaubourg, as diferentes edições do *Discurso sobre o m*étodo e compará-las.

Só compreendi posteriormente vosso interesse pela filosofia francesa – um traço comum com Lacan, a quem se costuma compará-lo, ainda que outros os oponham a ele, em todo caso, vós sois mutuamente ignorados. O que lhe apaixonava em Descartes era o esforço de atingir "ideias claras e distintas". Para o senhor, os poetas, Bach e Descartes eram mais psicanalistas que muitos psicanalistas oficiais.

Hoje, a psicanálise francesa está decidida a vos reconhecer como um de seus grandes pensadores. E mais, sem dúvida, há dez anos que o senhor desapareceu, à inglesa, no dia 8 de novembro de 1979, de Oxford. Eu espero que aí onde o senhor esteja, nesse cemitério de Happisburgh, sobre as altas falésias de sua Norfolk bem-amada, acima do Mar do Norte, não vos falte nada.

Em todo caso, para mim, o senhor faz falta. Não só vossos livros, vossas cartas ou nossas conversações, mas o senhor. Tenho a nostalgia de não podermos mais ter juntos um bom almoço, bem regado e, maravilhosamente, concluído com um Havana. O senhor foi, verdadeiramente, um "jolly good fellow". Não sorria. É verdade. Vamos lá, devo deixar-vos para preparar esta apresentação.

Até logo.

Sincerely yours.

Paris, 21 de outubro de 1989

2. A vida é cheia de surpresas

Introdução

Bion, para além dos dramas e das mudanças em sua vida, foi um homem fiel aos seus engajamentos, aos seus amigos e às suas ideias. Esse contraste entre a constância e os sofrimentos é uma das maneiras de dar conta de sua tendência à melancolia. Sem dúvida, a ligação se dá aí.

Não é de surpreender que se incomode e tranquilize-se o homem que sofre e que assume esta vida. O homem afável e curioso está sempre disposto a discutir com seus interlocutores os assuntos mais diversos. Sua cultura é imensa e variada. Leu muito e viu muito. Ele tem um "charme" e um carisma que dizem dele o que ele é, desde o primeiro encontro: um ser extraordinário. Nunca nos esquecemos de seu olhar penetrante, seu discurso, às vezes, indeciso e incisivo. Viver com ele é uma grande aventura.

A vida é cheia de surpresas

Francesca Bion

O título que dei à homenagem que faço a Bion, pelo 10º aniversário de sua morte, exprime o que foi minha vida após nosso encontro, há quase 40 anos. O que mais me surpreende foi ter descoberto que eu era a pessoa com quem ele queria passar o resto de sua vida. Os anos que se seguiram foram uma fonte extraordinária de surpresas sem fim; quaisquer que sejam as dificuldades vividas com um gênio, recomendo a vivência calorosamente; uma experiência intensa como nenhuma outra. Se eu tenho hoje um pouco de sabedoria e coragem, eu as aprendi com ele, como tomamos sol pelos poros da pele.

Ele tinha uma presença indefinível – alguns chamavam "aura" – e deixava uma impressão inesquecível aos que o encontravam e discutiam com ele. Mesmo os que o tinham visto somente durante uma única consulta profissional, muitos anos mais tarde sentiram-se obrigados a declarar que esse encontro havia sido uma experiência que mudou suas vidas.

Trata-se aqui dessa coisa misteriosa que chamamos "gênio", a capacidade de fazer com que as pessoas vejam as coisas de um modo novo e, então, de mudar sua visão para sempre. Isso não significa, é claro, que ele tenha sido universalmente amado, longe disso. Os sentimentos que despertava eram tão fortes que não provocavam outra coisa senão reações violentas. Frances Tustin escreveu em "Souvenirs d'une analyse personnelle avec le Docteur Bion": "... eu pensava que nunca encontraria uma pessoa que detestasse tanto. Entretanto, durante a primeira semana, mudei de opinião. Um sentimento de medo me fez dizer: 'recebo aqui algo raro'".

Seu semblante tinha uma expressão solene e mesmo severa; ele levava a vida muito seriamente e adotava, raramente, um sorriso socialmente aceitável que seduzisse os outros e passasse por uma companhia alegre, coisa que a maioria de nós aprende na infância. Isso estaria em contradição com o respeito que ele mantinha pela verdade e pela sinceridade. Desde que não fundamentadas na verdade, as relações sociais se rompem; a relação analítica se torna impossível. Ele escreveu: "o processo psicanalítico pressupõe que a saúde do paciente tenha necessidade constante da verdade tanto quanto a sobrevida física tem necessidade de alimento". Podemos dizer, certamente, a mesma coisa da saúde do analista.

Ele tinha um senso de humor surpreendente: uma visão que permanecia imperturbável; seus olhos tinham um brilho malicioso porque mantinha um sentido agudo do ridículo. Podia ser excessivamente engraçado, de uma maneira irônica que era só dele. Nunca era possível prever que espécie de reflexão ele ia fazer, e tenho certeza de que os que o conheceram, seja no plano profissional ou social, estariam de acordo comigo. Constantemente, surpreendi-me por 38 anos. Albert Mason se lembra de um exemplo bem preciso: "eu me lembro de inúmeras horas de vigilância passadas com ele, mesmo passados 20 anos. Por ocasião de nosso primeiro encontro, contei a ele que meu paciente se levantava no meio da noite e acendia a luz para ver se estava em sua cama. Bion acariciou o bigode, como tinha o hábito de fazê-lo, e disse, piscando os olhos: 'muito bem, todos nós temos direito a uma segunda opinião'".

Quando nos casamos, em 1951, ele tinha 53 anos. À época, só havia publicado alguns artigos sobre a guerra, um amontoado de artigos que viriam a ser o livro *Experiências com grupos* e sua exposição para membro da Sociedade Britânica de Psicanálise: "Os gêmeos imaginários". Ele havia passado grande parte de sua vida adulta sob duas guerras, estudando história e medicina, a prática analítica e sua análise pessoal (às vezes, antes e depois da Segunda Guerra Mundial). Então, na idade em que quase todo mundo se estabelece em sua profissão, ele estava no início de um período excessivamente produtivo e criativo, que deveria durar quase 30 anos e até sua morte. Atualmente, contamos 17 livros escritos, conferências e seminários – e há ainda outro a ser lançado, que nomeou "Reflexões": são pensamentos que dormem no papel, acrescidos de uma prática psicanalítica em tempo integral. Deixa uma obra extraordinária, o que é mais surpreendente, uma vez que ele passou uma dezena de anos de sua vida em um ambiente e em uma cultura completamente novos, com todos os problemas de adaptação que isso implica. Ele declarou amar a "vida tranquila", mas, de fato, jamais poderia recusar um desafio.

Ele escreveu a maioria de suas obras durante fins de semana e férias. Algumas vezes, ele compunha um livro ou um artigo à noite, em sua cabeça, levantando-se mesmo para anotar suas ideias, de medo que desaparecessem como um sonho que se esquece.

Em 1968, quando nos pediram para irmos a Los Angeles, onde havia manifestações de crescente interesse pela obra de Melanie Klein, nossa decisão de deixar a Inglaterra não foi tomada levianamente ou com expectativas. As reações da comunidade de analistas foram atenuadas: uma grande surpresa mesclada, mais ou menos, de incompreensão, desaprovação, remorsos e, talvez, de admiração pela sua coragem. Esse desafio revelou-se maior do que o que ele havia considerado. Aos 70 anos, defrontava-se com uma tarefa impressionante: trabalhar em um país estrangeiro, "registrado como estrangeiro", sem qualificação e, relativamente, desconhecido; a chance de fazer sucesso parecia verdadeiramente minúscula nos primeiros anos. Mesmo no final de 1971, ele escreveu: "as relações entre mim e meus colegas poderiam ser, praticamente, descritas como uma falha. Eu os decepciono e eles não me compreendem – mas têm respeito pelo que não compreendem. Se não me engano, há mais crença que compreensão ou simpatia pelos meus pensamentos, minha personalidade ou minhas ideias. Não há dúvida de que a situação emocional não poderia ser melhor se fosse a outro lugar". Com efeito, quaisquer que fossem as dificuldades, a Califórnia ofereceria ambiente, ao mesmo tempo, emocional e físico que lhe permitiria liberar-se, desenvolver-se individualmente, ter o que chamava "pensamentos selvagens", e ofereceria conjecturas imaginativas.

Esse foi um período fértil. Ao lado de uma prática em tempo integral, com conferências, seminários e viagens profissionais a Buenos Aires, Rio de Janeiro, São Paulo, Brasília, Roma, Paris e Lion, e a outros lugares dos Estados Unidos, ele escrevia sua autobiografia e três livros das "Mémoires du futur". Encontrávamos até tempo para nadar e caminhar todos os dias, escutar música, encontrar os amigos, sem nos esquecermos os prazeres da comida e do sono.

A primeira parte de sua autobiografia descreve, de maneira viva e emocionante, os horrores que experimentou na juventude, ainda que fosse quase um escolar, por ocasião do massacre de toda uma geração de jovens, durante a Guerra Mundial. Podemos dizer que ele poderia ter sido uma das numerosas vítimas dessa guerra: "corpos vivos, mas almas definitivamente mortas". Na realidade, o que ele vivenciou deixou cicatrizes amargas e lembranças cheias de fantasmas; porém, sua extrema sensibilidade tinha força e solidez moral imensas; ele poderia continuar a claramente até sob um ataque, mesmo que fosse físico ou verbal. Resumindo, ele tinha qualidades essenciais de um psicanalista.

A *Trilogia*[1] é uma obra apaixonante e perturbadora, impossível classificar. Ela explora numerosos aspectos dos esforços humanos: é uma autoanálise, o relato de experiências de toda uma vida, sob

---

1 *Memória do Futuro.*

a forma de diálogos. Diferentes personagens exprimem as numerosas facetas de sua personalidade e de seu pensamento: é uma discussão consigo mesmo – podemos dizer "um one-man show". Ao mesmo tempo, nós reconhecemos entre todas as "dramatis personae". Eu me lembro de minha excitação e de meu assombro na leitura desse livro logo que, por assim dizer, saiu na imprensa. Estou certa de que ele não poderia ter escrito se tivesse ficado na Inglaterra ou se se sentisse incomodado pelas tentativas feitas para controlar e neutralizar sua influência perturbadora. Ele tinha necessidade de se libertar das importunações do trabalho administrativo, dos congressos e da inútil controvérsia, para concentrar toda a sua energia na reflexão, na leitura (ele raramente lia coisas sobre a psicanálise) e nos momentos de relaxamento em família. Um editor americano, que recusou, mais tarde, a primeira parte, "O Sonho", pediu-lhe que escrevesse uma "Introdução Explicativa". Os pedidos de explicações sobre o que ele dissera ou escrevera o impacientavam sempre: ele nunca era, deliberadamente, obscuro; considerava que havia apresentado seus trabalhos de maneira a mais clara possível – não necessariamente com sucesso, mas da melhor maneira que podia. Entretanto, nessa ocasião, ele escrevia uma introdução e um epílogo (que nem sempre são publicados, mas que serão incluídos na nova edição em um volume preparado por Karnac Books of London).

O epílogo exprime um pouco suas exasperações e também certo cansaço – é desencorajante ouvir dizer que somos, na melhor das hipóteses, ou na pior, "incompreensível e louco". O epílogo começa assim: "Em toda a minha vida fui abafado, frustrado, perseguido pelo senso comum, a razão, as lembranças, os desejos e, o que é uma praga, a exigência de compreender e ser compreendido. Esse epílogo é uma tentativa de exprimir minha rebelião, de dar as costas a tudo isso. Meu desejo, eu me dou conta, agora, está fadado ao insucesso que é escrever um livro que não seja desperdiçado por nenhum traço de senso comum, de razão, de lembranças e de desejos. Ao mesmo tempo, desejo escrever: "Abandonem as esperanças, todos vocês que esperam fatos científicos, estéticos ou religiosos neste livro", não posso dizer que tenha tido sucesso. Tudo isso, temo, deixou traços, vestígios, fantasmas escondidos nas palavras; até mesmo o bom senso, como a alegria, introduziu-se habilmente. Mesmo que minha tentativa tenha sucesso, sempre haverá o risco de que o livro se torne respeitável, conveniente e não seja lido".

Certamente, há certa ironia nisso tudo. À época em que escrevia os livros dois e três, havia, provavelmente, uma visão diferente do conjunto da obra. Mas penso que isso mostra claramente qual era seu estado de espírito na época e que o empurrava a tomar essa nova direção.

É verdade que seus trabalhos exigem muito do leitor. Em *Reflexões*, ele escreve: "... aviso: o leitor pode, sem dúvida, ter a impressão de que o que ele lê é obscuro e difícil. Tendo em conta as dificuldades intrínsecas ao objeto, acredito que uma grande parte do que parece obscuro e difícil, na primeira leitura, será pouco a pouco menor se o leitor se comprometer a não levar muito tempo para ir até o fim quando não compreender alguma coisa; penso que, assim, ele terá uma visão clara do conjunto e poderá voltar às primeiras dificuldades e compreendê-las melhor... Posso, ao menos, prometer que ele não terá perdido seu tempo porque eu tenha vendido o meu".

O que interessava, antes de tudo, era estimular a reflexão e a curiosidade de outro. Ele sabia que não havia "respostas", mas só perguntas. Consequentemente, parecia não responder, muitas vezes, às questões que lhe colocavam; porém, se a pessoa que as colocava pudesse conter sua impaciência e escutar, refletir, gradualmente, tornar-se-ia evidente que a "não resposta", de fato, esclarecia o campo da resposta e, mais, de um modo como o da torre circular que leva o viajante ao ponto de partida, mas que é visto, doravante, como um conhecimento aumentado e a experiência adquirida durante a viagem.

Ele ficaria surpreso (e honrado) com este congresso hoje. Estou contente por estar aqui para falar dele, e espero que não o tenha traído. Eu lhe quis ser fiel e impedir que, com o passar do tempo, deformem-se as lembranças que tenho dele.

Agradeço ao Professor Kress, ao Dr. Kipman e aos seus colegas por me convidarem a exprimir o respeito que tenho ao homem e à sua obra, os dois queridos em meu coração.

As palavras de um poema de John Donne (apenas muda o sexo) exprimem meus sentimentos de maneira bem mais emocionante do que eu pudesse jamais esperar fazer:

"Tu não saíste, depois de tua partida: onde quer que estejas./ "Tu deixaste nela teus olhares atentos, e nela teu coração amoroso."

(traduzido do inglês por Isabelle Daverat)

3. A autobiografia de Bion

Introdução

Todos sabem que a personalidade de um indivíduo se enrijece ao longo dos primeiros anos de vida. De repente, não nos cansamos de revolver a vida precoce de grandes homens. Mas a psicobiografia é um exercício difícil e bem aleatório. Alguns elementos que vou fornecer sobre a vida de W. R. Bion têm uma dupla missão: servir para correlacionar as reflexões que estarão em suas autobiografias; e permitir reconhecer em sua obra os traços de memórias que se acumulam. A infância de Bion divide-se em dois períodos; o primeiro dura 7 anos e desenvolve-se na Índia. Este deveria ter sido o período mais importante, mas é também recoberto pela amnésia infantil e pelas reconstruções de memórias nostálgicas.

W. R. Bion nasceu em Mutra, em 1897, em uma família de funcionários ingleses. Então, com sua irmã, viveu a infância na colônia, livremente, se os relacionarmos às crianças inglesas de ambiente urbano, com as quais Bion estará frente a frente mais tarde. Se não sabemos quase nada sobre seu pai, em todo caso, ficamos imediatamente impressionados com os aspectos contraditórios dos semblantes femininos que o cercam. Sua mãe parece ser uma mulher enormemente austera, fria e, talvez, triste, senão deprimida. Não temos a impressão de que ele fosse muito apegado a ela. Ao contrário, sua ama de leite hindu deixou no jovem Bion uma lembrança tenra e tenaz. Nela, podemos observar diferenças culturais, mas, para a criança sensível que era Bion, trata-se distintamente de outra coisa que já instala em sua vida uma matriz de fortes contrastes. Aos 8 anos, eis que ele é enviado à Inglaterra. É para o seu bem, só na metrópole poderia ter bons estudos, e em um colégio tradicional.

Ele se sente brutalmente desenraizado. Mesmo que imaginemos que tenham explicado bem as excelentes razões de sua partida para um internato inglês, sabemos que ele não gostou nada de sua nova vida.

Aqueles que ele ama – sua irmã, sua ama de leite e seus pais – estão longe. Ele deve dobrar-se às regras de vida ritualistas e rígidas do internato, à vida em grupo (já!) e à pressão de uma religiosidade que o impressiona, mas não o convence. Ele está desesperado e entediado; porém, reage e segue, bem ou mal, o trajeto escolar, durante o qual faz alguns amigos. Mas logo que deixa a escola, estoura a Guerra.

A Guerra é, talvez, a experiência primordial da vida e da obra de Bion. Assim que as hostilidades começam, ele quer se engajar. Por entusiasmo e patriotismo, ou para mudar de ares, não sei nada sobre isso. Sempre começamos por não querer nada dele; como outro herói dessa Guerra: Guynemer. Sob recomendação, ele é designado para um regimento de blindados.

Como estudou, ele se torna oficial. É responsável por um pequeno grupo. Ele assiste, horrorizado, à morte de alguns de seus homens, seus companheiros, em condições, muitas vezes, atrozes.

Bion mantém uma conduta heroica, que o faz ser promovido e condecorado. Com efeito, ele é, ao mesmo tempo, titular da mais alta distinção militar inglesa e da legião de honra. Mas como satisfazer-se dessa conduta e de suas honrarias nessas condições? Ele subestima sua ação: seu heroísmo não é nada sem os outros; ele está contente de ser promovido porque fica longe do campo de batalha. Sua concepção bem inglesa, do *understatement* desenvolve-se em seus relatos sobre a guerra, mas ele está marcado por toda a vida e incessantemente fará referência a essa experiência extrema, no sentido que lhe dá Bruno Bettelheim, comerciante de madeira com doutorado em artes, e reconhecido como psicólogo infantil, mesmo sem ser psicólogo.

Parece-me que temos poucos elementos sobre a juventude de Bion. Uma parte importante dela foi-lhe roubada pela guerra. E a tal ponto que passou a ser o elemento primordial e o *souvenir écran* – para ele e para seus biógrafos – de toda sua existência.

Ele escreveu bastante sobre a guerra, sobre SUA GUERRA, e criticou-se muito pela importância desses acontecimentos traumáticos na sua vida. Ele pensava que partir para a guerra consistia em uma viagem romântica da qual voltaria como herói, bajulado e reconhecido por todos. Voltou herói, certo, mas em choque. Não somos "messias", "gênios", como ele colocará em teoria mais tarde, sem deixar aí as plumas. Ele estudou história, filosofia e, aparentemente, francês.

A autobiografia de Bion

Bernard Barrau

Este texto foi escrito por um francês que não é totalmente ignorante da literatura e do pensamento ingleses, mas que nunca penetrou no que podemos chamar a cultura inglesa "de base", em particular nos segredos de fundo de sua religiosidade.

Trata-se, então, de uma introdução rápida e bem imperfeita que só tem a ambição de dar ao leitor francês uma ideia de textos, os quais não puderam tomar conhecimentos se não leem em inglês.

O que podemos chamar "autobiografia" no sentido mais clássico de "relato de sua própria vida" encontra-se em duas publicações póstumas, que são *The Long Week-End*, que cobre o período de 1817-1919, do nascimento ao fim da Primeira Guerra Mundial; e *All My Sins Remembered*, "Todos os meus pecados possam ser lembrados", que pega o período seguinte até o início dos anos 1950.

Esses textos foram escritos durante a estadia de Bion na Califórnia (1968-1979) e publicados, respectivamente, em 1982 e 1984 por Francesca Bion, sem alterações nem acréscimos.

All My Sins Remembered compreende também as "Cartas a Francesca" – as mais numerosas são de 1951, data de seu casamento – e as "Lettres aux enfants", até a véspera de sua morte. Essas cartas contêm numerosas informações sobre a vida de Bion à época em que foram escritas, mas também sobre os anos anteriores que cobrem *The Long Week-End* e *All My Sins Remembered.* Elas são bem autobiográficas, em certo sentido, porém, não pertencem ao que se pode chamar o gênero literário da autobiografia, uma vez que não foram destinadas – disseram-nos – à publicação.

O relato

Esta narração só pode ser vista como a restituição e a transmissão de uma vivência pessoal, não como memória militar nem contribuição à história da psicanálise ou da educação na Inglaterra. Bion, ninguém a não ser Bion, e só ele, será que sabe do que fala? "Logo que tomei consciência de pensamentos e de sentimentos, eles se tornaram 'identificados'". Um exemplo grosseiro é este texto, que é inseparável da ação de traços no papel; algumas dessas marcas são de tal maneira expressas que se conformam às regras admitidas pela gramática e pela palavra articulada; para outras regras, ela se articula de forma diferente. Eu não sei o que pretendo testemunhar até fazê-lo, nem do que sou testemunha. A esse respeito, não sou diferente do fóssil que, involuntariamente, demonstra algo que um ser dotado de sentido observa, tentando compreender a sensação do que ele observou. Assim, como um caracol, deixei meu traço neste pedaço de papel. Se eu fosse um grande artista, poderia ter deixado uma escultura do deus Hermes, que alguém dirá: "Praxiteles passou por aqui". Declaração de perfeita ortodoxia bioniana. Em relação à experiência original da "coisa em si" (terminologia pseudokantiana), que é incognoscível, a autobiografia é o produto de "transformações", como o relatório de uma sessão de análise ou de qualquer obra de arte. Ela advém de certo "vértice" – o do autor, que quer restituir e transmitir sua própria vivência –, mas outros podem abordá-la segundo um "vértice" diferente: ela permanece totalmente aberta às interpretações.

Dito isso, *The Long Week-End* e *All My Sins Remembered* são obras controladas, com referências cronológicas precisas, não uma remontagem desordenada de memórias, e a imagem que Bion nos dá de si mesmo é de uma coerência um tanto constrangedora.

O L. W. E. começa com o relato de sua infância anglo-indiana, entre sua mãe que o ama, mas que é triste, que chora silenciosamente; de seu pai, que não o compreende, que recusa seu progresso, e a quem ele não consegue satisfazer; e sua irmã, que é um verdadeiro furacão. O próprio Wilfred já é um covarde (covarde não, na verdade, um fraco), aterrorizado por tudo que faz "arf-arf", o riso dos adultos na sala ao lado, o urro de uma tigresa, cujo macho foi morto, a ameaça de punição injusta. "Arf-arf" é também o "nosso pai" que está nos Céus, é o Deus ao mesmo tempo cruel, malicioso e ineficaz, que encontramos em "Mémoire", aquele ao qual não podemos apelar na depressão.

Somos tocados pela importância negativa do pai. Na capa de A. M. S. R., estampa-se a divisa da família Bion "Nisi Dominus frustra",[1] e o verso do salmo 127: "Se o Senhor não edifica uma casa, em vão trabalham os que se esforçam por construí-la./ Se o Senhor, ele mesmo, não guarda a cidade, é em vão que a vigie aquele que a guarda."

Porque o pai é ausente, pela sua fragilidade e sua crueldade, é que o filho não terá firmeza. Diferentemente do pós-Natal de *Mémoire*, ele não poderá dizer: "Eu engoli a ereção, e agora ela faz parte de mim. É meu endoesqueleto: eu sou 'uma ereção'". Trata-se do insucesso da identificação primária. "Se eu quisesse construir uma imagem fálica primária para dedicar-lhe um culto, ela teria a forma curzonesca,[2] conforme a uma cobertura de couro, para dobrar-se à tensão imposta por uma espinha dorsal defeituosa".

Bion, então, será condenado a "exoesqueletos", a falsos egos sucessivos. Já à idade de 4 anos, fechado, aparentemente estúpido, ele se deu uma carapaça de inocência, que dissimula um ego profundamente mau.

A masturbação, o "wiggling", o contorcer-se da masturbação faz parte desse ego diabólico que, de resto, só é inconveniente.

Em todo caso, quase todos os "pecados" dos quais ele se acusará já estão aí: a covardia, a autenticidade, a prática sexual rapidamente culpada, a vergonhosa miséria moral.

1 "Sem o Senhor, tudo é em vão."

2 Alusão à marca, sem dúvida, acidentada da fronteira russo-polonesa que permanece ligada ao nome de Lord Curzon.

Aos 8 anos, acompanhado de sua mãe, ele entra na Section Préparatoire Bishop's Stortford College, uma escola pública de reputação média. Desorientado, estúpido, deprimido como sua mãe. A masturbação sempre fez pairar uma ameaça de exclusão. Os únicos momentos suportáveis são as sessões de canto coral. É o período de hinos "Avante, soldado de Cristo", que dão o tom dessa educação.

A passagem à *Main School*, que coincide, mais ou menos, com a puberdade, marca uma nova "ruptura"; as relações entre os alunos são menos rudes, mas, agora, expõem a homossexualidade. Esta é um problema da escola, e, ainda que esclarecida e, em princípio, tolerante, não sabe como resolvê-la. As proposições livres de nada adiantam – uma vez que alguns professores manejam mal por causa de sua insensibilidade – e nem a "delação honesta" ajuda. Não sabem como lidar com o pecadilho sexual. Perdoar antes mesmo de confessado priva o adolescente de um sentimento de culpa, o que pode ter um efeito revigorante. Tentações, a princípio desconhecidas pelas práticas furtivas que são, a vergonha, a crença na degeneração, a sexualidade é odiada, mas também o é a religião que a oprime e que regulamente tudo. "Os prazeres furtivos, a culpa, a frustração foram minhas experiências durante muitos anos, em que estava mais sensível às impressões". Felizmente, há o esporte e as estadias com a família de dois de seus colegas, durante as quais, pela primeira vez, entra em contato com a sociedade inglesa tradicional, que ele admira e inveja.

Tal é o estado desse jovem que, aos 17 anos, logo que a Guerra estourou, um ano depois, alista-se sempre desprovido de espinha dorsal, mas munido de fragmentos exoesqueléticos: o espírito religioso e, apesar de tudo, o patriotismo e o desejo da glória.

As memórias de guerra ocupam a maior parte de *Long Week-End*. Esse jovem tem problemas, esse soldado amador desembarca no porto de Le Havre em julho de 1917, com seu regimento, o 5º Batalhão de Blindados, cuja divisa é *Quo fas et gloria ducunt* – Que o direito e a Gloria comandem. Ele, o mesmo jovem que nem sequer tem o exoesqueleto da disciplina militar e que permite aos Coldstream Guards triunfarem como em desfile, engaja-se imediatamente no campo de batalha de Flandres na defesa do saliente Ypres (Wipers, no "Mémoire"). O subtenente, tenente e depois capitão Bion deslocar-se-á com seu regimento de norte a sul no campo de batalha, mantido pelo exército britânico. Seu ponto de vista é de um oficial subalterno, necessariamente limitado a uma parte minúscula do campo de batalha, mas seu relato é de uma extrema precisão; Ypres, Cambrai, a estrada de Amiens até Roye, essas são as referências principais (que são também memórias de pesadelos), mas, em seu relato, são abundantes os nomes de cidades, rios e lugares, somente pontos de referência topográficos.

Para ser breve e deixando de lado o que há de talento literário em seus relatos sóbrios e penetrantes e, às vezes, pitorescos e humorísticos, pode-se dizer que W. R. Bion, com 20 anos de idade, começou sua guerra sustentado pelo falso eu que sua educação construiu, ou seja, o medo mascarado por episódios de despersonalização ou a excitação maníaca. Mas o que ele chama seu "entusiasmo" é progressivamente extinto; a perda foi consumada em 8 de agosto de 1918, quando quatro de seus tanques, atingidos em cheio abriram-se como uma flor. Ele morreu em 8 de agosto de 1918, e o resto de sua vida foi um purgatório, porque ele não pôde sobreviver à vergonha de estar vivo, quando tantos camaradas seus estavam mortos.

O relato de sua guerra – particularmente brilhante, se nos referirmos a condecorações que recebeu (para ele, só reforçaram seu falso eu), é um grande projeto de autodepreciação. O que ele fez de aparentemente corajoso foi realizado por medos súbitos; seus atos heroicos decorreram de erros de julgamento que teriam podido lhe valer a corte marcial. Incapaz de bravuras, ele só venceu mascarando sua covardia.

Tanta tenacidade contra si mesmo é intrigante, ainda mais que os relatos – os fatos citados – impõem outra imagem, a da presença de espírito e do altruísmo. Mas o leitor não teria essa imagem se o autor não quisesse transmiti-la. O Bion de 75 anos ama o Bion de 20 anos um pouco mais do que ele diz. Apesar de tudo, é preciso amar-se um pouco – de uma maneira ou de outra – para conceder tantas páginas para dizer que não se ama.

O pós-guerra encontra Bion em Oxford, onde foi admitido, como benefício de seus serviços na guerra, "aflito", por suas condecorações. Reconhecemos o mesmo Bion que se diz estúpido, selvagem, solitário, inapto para a paz como para a guerra, às voltas novamente com seu mal-estar sexual, que a guerra havia, por um momento, desviado. Ele frequentará o Queens College por 2 anos, em vez de 3 anos normais, em atmosfera de paz, de conforto e de grande cultura, os quais ele diz que não soube aproveitar.

Aos 24 anos, entra em seu antigo colégio como professor de história e francês, e é demitido 2 anos mais tarde sob a acusação – materialmente injusta – de pederastia.

No seu último ano como professor, ele deu o primeiro passo analítico com um "analista", o que ele não designa jamais como FIP, *Feel it in the Past*, "reviver o presente no passado", mas é o presente que lhe interessa (sobre este ponto, ele dificilmente vai mudar), ele deve estar curado em 12 sessões, mas as coisas se prolongam (ele não diz por quanto tempo), e finaliza sua "análise" porque luta para lidar com as despesas; e, depois, essa "analista", que tinha encontrado para ele seu primeiro paciente – um adolescente filho de general – impunha divisão dos honorários –, prática condenável.

Aos 26 anos, perfeitamente ignorante sobre as mulheres, pouco tempo noivo de uma bela jovem, que interrompe seus engajamentos, dá-se conta de que ela se relaciona com um falso homem, oco como um tambor.

Seu passado esportivo e suas qualidades intelectuais não muito bem compreendidas fazem-no ser aceito na Faculdade de Medicina, onde, sempre moroso e um pouco abestalhado, termina seus estudos com uma medalha de ouro em cirurgia, o que, evidentemente, não merecia. É lá que encontra, na clínica médica, uma nova forma de sofrimento, outra forma de responsabilidade, e também mestres ilustres, dos quais o leitor francês pouco experiente só conhece alguns: o biólogo Sir Jack Drummond, por causa de notícias célebres; e Wilfred Trotter, um dos últimos cirurgiões de Freud.

Há bem poucos detalhes sobre esse período de 1930 a 1938; há somente o fato de que ele aluga uma sala para consultas na prestigiada Harley Street. Nada há sobre sua colaboração ao Instituto para o Tratamento Científico da Delinquência e ao *Maida Vale Hospital for Nervous Diseases,* nada sobre seu início na Tavistock Clinic, em 1933 ou 1934. Mas há relato de impulsos homicidas em crise de ciúmes. É, talvez, no Maida Vale Hospital que ele encontra Rickman, a quem pedirá análise, em 1938, não podendo se desembaraçar da impressão de ser nada mais que um manequim condecorado. Essa análise será curta, não pelo que temos ouvido dizer, algumas vezes, por exemplo, porque eles estavam muito próximos durante a Segunda Guerra (estamos em 1938), mas porque teriam aparecido "turbulências emocionais entre eles, zonas de alta e baixa pressão, que sufocaram a análise". Parece certamente que Bion quis retomar essa análise após a Guerra, porém, desta vez, Rickman recusou.

Qualquer que seja o interesse de seu testemunho, só pode passar por aí, rapidamente, pelos anos de guerra, de sua experiência na psiquiatria militar, pelo início de sua prática de grupos com o objetivo de "reabilitação".

Outro domínio de sua vida é a época de seu primeiro casamento, amor passional do qual ele dá a entender que estava fundamentado em um mal-entendido recíproco. Sabemos que Betty morreu no parto, deixando-lhe uma filha pequenina, que ele confiou a uma governanta em uma casa de campo alugada em Iver Heather.

No fim da Guerra, ele retoma a prática psicoterapêutica, com grande sucesso de clientela, ele fala disso; já das honrarias, não fala; mas o marasmo continua a existir.

Todo um capítulo que gostaríamos de citar por inteiro é consagrado à sua análise (de "alguns anos") com Melanie Klein. O primeiro contato com essa bela mulher, cheia de dignidade, foi perturbador. Era perfeita a insensibilidade de Melanie Klein quanto à glória militar e aos problemas de dinheiro. O início difícil da análise, "quando ela me fazia uma interpretação, acontecia de tempos em tempos pensar que ela estava certa, habitualmente eu pensava que não fazia sentido, mas que não valia a pena discuti-la, pois, para mim, essas interpretações não eram grande coisa senão a expressão das opiniões da Sra. Klein, que não tinham fundamento". Separação prematura. "Ela pensava, sem dúvida, que eu tinha ainda muito a aprender, mas concordou, em parte, por terminar, sem dúvida, porque pensava *Enough of W. R. B. was enough*. Eles pensavam que não se veriam mais, mas foi o contrário.

All My Sins termina com uma cena emocionante que lembra outras cenas em que o vemos não poder corresponder ao amor de sua filha.

Ele está no jardim de sua casa suburbana, e o bebê – sua filha – corre em direção ao pai para que ele a tome em seus braços; ele não se mexe. "Eu me senti, diz ele, amargo, irritado, cheio de rancor. Por que ela fazia aquilo comigo? Ela chora tentando percorrer o enorme espaço que a separa de seu pai; a ama de leite, que não pôde suportar a cena, toma a bebê em seus braços e consola-a. Mas eu, disse ele, havia perdido minha filha". Recusa do amor, crueldade; é o pecado supremo. O livro termina com a citação de Hamlet que lhe deu seu título *Nymph, in thy orisons, be all my sins remembered* ("Ninfa, que nas suas orações, todos os meus pecados sejam lembrados").

Se quisermos falar de mudança catastrófica, teremos mais o episódio com a filha do que o efeito da catástrofe externa, que foi a Guerra. Nesse acontecimento com a filha, nada mudou na ordem do mundo; ele só foi percebido por três participantes da cena; no entanto, operou uma verdadeira subversão psíquica nesse pai, que, subitamente, revela sua própria crueldade; ele estava inicialmente preso, como em uma armadilha, e, de súbito, a sedução se quebra como um vidro, ele se sente, ao mesmo tempo, desembaraçado e inundado pelo sentimento de culpa; a partir desse momento, ele vai cuidar de sua filha, não para ser fiel à suas promessas, mas porque essa é sua obrigação, e também, sem dúvida, porque sua capacidade de amar está liberada. Ele não será mais como antes, é como o momento de uma análise ou o reencontro com uma ideia "messiânica" que Bion descreveu muito bem em outros textos.

Os livros *Long Week-End* e *All My Sins Remembered* são o relato de um longo período depressivo no qual Bion pensa, sem dúvida, quando escreve em uma carta de 1964: "A depressão e o insucesso têm sua parte em todas as vidas, mesmo as mais felizes e as mais bem-sucedidas: é o preço que se paga pela alegria e pelo sucesso se eles cruzarem seu caminho. Mas o preço que se paga para escapar ao insucesso e à depressão é cem vezes pior".

A memória (1979)

Outro trabalho que podemos considerar autobiográfico é o *Mémoire du Futur*, que não é um relato (se bem que contenha partes narrativas), mas um drama de um horror bizarro, que coloca em cena a evolução de um grupo surpreendido, em algum lugar em Hertfordshire, pela invasão da Inglaterra, que havia perdido a Segunda Guerra Mundial.

A catástrofe externa, o acontecimento catastrófico faz pesar sobre o grupo uma ameaça de morte permanente, que a figura de um oficial alemão com uma arma possa ser irrisória – uma simples barra de chocolate.

O primeiro efeito da catástrofe externa é fazer aparecer a desunião de um casal e revelar a homossexualidade da mulher, que se torna a parceira masoquista de sua antiga empregada. Subversão da organização psíquica: alguns acreditam encontrar uma saída na violência assassina, outros, ou os mesmos, prestam-se ao diálogo, que também tem seus perigos, porque pode fazer aparecer a ideia "messiânica", que atrapalha a organização psíquica de seu continente e poderá destruí-lo se o psicanalista não vigiar.

As personagens do drama são muito diferentes; elas vão e vêm, e só aparecem, às vezes, como o tempo de uma réplica. O centro dos "reais" (*reais na ficção literária do Mémoire*) é reunido por "criaturas de imaginação" que não são nem mais nem menos imaginárias do que as personagens reais.

Assim temos:

– Bion com seu próprio nome, com nomes diferentes que são aspectos de si mesmo, com o nome de Myself, com os traços de PA, o psicanalista;

– dinossauros que falam;

– células embrionárias que fazem parte de sua vivência;

– uma vez que vêm não se sabe de onde;

– personagens extraídos da mitologia ou da ficção romanesca.

Todos engajados em um "rude debate" que acaba por centralizar-se no PA, o psicanalista, e toma, pouco a pouco, a forma de uma análise de grupo.

O *Mémoire* (mesmo sem passagens narrativas) é uma autobiografia, no sentido em que o grupo é um grupo interno. O debate entre os participantes é interior ao próprio Bion. Ele faz reparos sobre a história e sobre o estado atual de seus pensamentos; nós reconhecemos aí os componentes de sua cultura: antes de toda a tríade Shakespeare–Milton–Newton, os poetas de língua inglesa, alguns poucos da poesia latina e francesa, filósofos (Berkley em vez de Kant, apesar das aparências), alguns místicos, epistemologistas, Gilbert e Sullivan, autores de operetas, Conan Doyle; e bem entendidos, mas discretamente, Freud e Melanie Klein. O conjunto é impressionante: testemunha – humor à parte – um grande ardor furioso para adquirir uma cultura, que Bion deixou passar quando era estudante em Oxford. A parte mais diretamente autobiográfica é o volume três, *L'aube de l'Oublie,* no qual Bion escreve que esse volume é a "tentativa psicoembrionária de escrever o relatório da viagem do nascimento – e mesmo de antes do nascimento à morte".

Trata-se, então, da representação de uma vida literalmente *ab ovo*, o humor recoberto de considerações sérias sobre o pré-natal e o pós-natal, sobre a guerra entre o somático e o psíquico, sobre "crença" e sobre muitos outros assuntos.

A diferença do *Long Week-End* e *All My Sins Remembered* é que o próprio Bion se dá a liberdade que daria a seu leitor de praticar uma *Deutung,* um desligamento do sentido latente que, no momento, serve de documento relativamente bruto. Bion diria que as experiências vividas no nonsense revelam as configurações significantes subjacentes. É da mesma forma com a interpretação psicanalítica de jogos infantis. Um dos jogos favoritos de Wilfred pré-adolescente e de seu amigo Duddley era aprisionar um gato – a bichana Tibs – sob um vaso de flores derrubado invertido e liberá-la quebrando o vaso a golpes secos de martelo de madeira. O episódio é retomado em *Mémoire*, misturado às lembranças das relações agitadas entre Wilfred e sua irmã, Edna. Desta vez, trata-se de uma cena com vários personagens em que o papel de interpretação psicanalítica é confiado à bichana vítima, que conhece a vida bem melhor do que *golden boys and girls.* Ela sabe que esses "cães do inferno" não renunciaram a toda sua pujança fetal e que eles brincam, sem saber, de parto violento, vagamente conscientes da relação entre o ventre e o vaso (ajudados nisso por sua língua materna). Quanto à guerra dos sexos, PA, que também dá interpretações, sabe que, se eles se detestam, é porque têm medo de uma aproximação que os fará relaxar; alguns estão ainda tomados pela angústia de castração, outros, no *Penis-neid* – termos do jargão que Bion abomina e que estão aí para abreviar o relato.

Acontece que o relato sofre um tratamento alegórico que já existe no episódio do gato, pois o jardim onde brincam as brilhantes crianças é o "estúpido jardim do Éden", onde se encontram Adão e Eva. Não se trata de criar uma ficção, como no "Le mythe de la Caverne", mas tomar o relato como ele é, conferindo-lhe um valor de alegoria aos seres e aos acontecimentos: uma maneira de abordar Vida dos Santos; é também o que Baudelaire, no "Cygne", em um passeio em Paris, é povoado de figuras nostálgicas.

O tanque é a alegoria máxima: ele só pode se movimentar sob um solo duro – cretáceo – e afunda algo muito frágil nas lamas de aluviões de Flandres. Isso se refere à extinção dos dinossauros, que pode ter acontecido no final do período Cretáceo, às teorias catastróficas da evolução. Mas o tanque com suas placas blindadas é também a imagem de uma organização mental que encontra outra figura na ficção bioniana do exoesqueleto. "Sair do tanque, voltar para casa" é libertar-se de sua "osteoartrite" psíquica, desfazer-se de fragmentos do falso eu – os ideais mal integrados e reencontrar o "senso comum" que recomenda renunciar às imagens convencionais para salvar sua pele. É assim que é preciso interpretar a ordem dada, a seus homens, pelo subtenente Bion, de evacuar o tanque, que vai pegar fogo, e recuar – desprezando as ideias recebidas sobre o "dever" ou a "coragem".

Em poucas palavras, esta é a obra extravagante, "este livro idiota" que jamais será publicado ou que jamais será lido se for publicado. É uma extraordinária mistura de ideias que aclara a obra teórica de Bion. Ao mesmo tempo, é uma estimativa de sua prática psicanalítica. Enquanto documento autobiográfico, é menos sistematicamente obscuro, mais cheio de sutileza do que o exposto pela explosão do autor em personagens, que são ele próprio sob diferentes aspectos ou em diferentes momentos. A angústia e a autodepreciação estão sempre lá, mas também o humor e a fantasia, que distribuem tanto charme às cartas a Francesca e às crianças.

Autobiografia surpreendente em duas partes diferentes. Surpreendente personagem que nos desculpamos por não termos conhecido.

4. Bion na Tavistock

Introdução

Depois de uma estadia na França, Bion volta a ensinar no mesmo colégio em que fora aluno, apesar de ou por causa das memórias bem misturadas que guardava dali.

Ele deixa a marca de um professor bem próximo dos alunos, incitando-os aos esportes coletivos e interessando-se já, provavelmente, à vida de equipe, de preferência às matérias escolares.

Não sabemos muito bem o que o leva a mudar de orientação, e as interpretações que podemos fazer são inúmeras. Mas a vida ruim, a necessidade de encontrar-se, de colocar-se à prova e de exprimir-se já está, sem dúvida, presente.

Em todo caso, por volta dos anos 1930, ele deixa o ensino para estudar medicina. É um estudante idoso. Ele sabe o que quer, ainda que discretamente. Quando lhe perguntam por que estuda medicina, "eu não responderia a eles: 'porque quero ser psicanalista'" (*All My Sins Remembered*). *Ele realizou estudos brilhantes, recompensados com uma medalha...* em cirurgia.

Mas, rapidamente, começou a formação em psicanálise e dirige-se à psiquiatria social. Psiquiatria e psicanálise em formação entram na Tavistock Clinic de Londres, lugar memorável da psicanálise orientada para a vida social, onde ele escalará todos os níveis da hierarquia.

Bion na Tavistock

H. E. Hildebrand

Segundo o autor da história oficial da Tavistock, o Dr. Henry Dicks, Wilfred Bion tornou-se membro do pessoal da clínica em 1934. Ele se integrou a um grupo de psiquiatras e outros pesquisadores influenciados pelas ideias de J. A. Hadfield, psicoterapeuta e psiquiatra de tradição eclética, cujas ideias são pouco estimuladas hoje em dia. Pouco tempo depois, ele começa uma formação psicanalítica, formação esta dificilmente agradável à direção da Tavistock dessa época, que queria aplicar as teorias analíticas à psiquiatria contemporânea, que eram, supostamente, pela Sociedade Britânica, consistentes com uma ameaça à pureza e à virtude do método freudiano clássico.

Não há grande coisa a relatar das relações de Bion com a Tavistock antes da Segunda Guerra Mundial, mas, assim que a guerra estoura, o grupo de psiquiatras baseados na clínica é chamado a ter um papel importante nos serviços psiquiátricos do exército. Rees, diretor da Tavistock, tornou-se general e comandou o serviço, e os outros psiquiatras, por sua vez, tornaram-se coronéis. Lamento ter de assinalar aqui que era esperado que os psicólogos ocupassem uma posição mais modesta – a de brigadeiros – durante esse período de guerra.

Bion, como se sabe, era antigo comandante de blindados da Primeira Guerra e facilmente estabeleceu boas relações com os soldados baseados na experiência comum. Dicks conta que Bion foi logo nomeado para a primeira comissão experimental de seleção de quadros para o exército. Parece que essa comissão estava sediada na casa de campo perto de Londres que chamavam de "Wall Hall" – designação logo mudada para "Valhalla". A história não conta qual personagem dos *Gotterdänmerung* wagnerianos foi escolhido por Bion. Talvez, meus colegas possam gostar de escolher o papel mais apropriado à sua personalidade. Dicks acrescenta que Bion trazia uma contribuição por seu conhecimento íntimo dos blindados. É o "Gravitas" e o peso deste grupo de pessoas da Tavistock que convenceram os altos funcionários do exército da importância da teoria dinâmica para o tratamento de problemas psicológicos dos soldados.

Ao lado de seu trabalho na seleção de quadros, Bion ficou bastante envolvido com a experiência, dita Northfield, realizada em um hospital psiquiátrico na Escócia para soldados neuróticos, onde ele inicia seu trabalho sob suas hipóteses a respeito da psicologia dos pequenos grupos, que servirá de base não somente para a teoria de grupos psicoterapêuticos, mas, também, para os estudos de comunidades terapêuticas e relações industriais.

É bastante conhecido que os dois, Bion e Foulkes, trabalharam em Northfield e que as hipóteses de importância capital para a psicoterapia em grupo têm suas origens nessas experiências. No fim da Guerra, voltando à vida civil, parecia bastante evidente que deveríamos seguir uma linha de experimentação que havia servido tão bem aos soldados que sofriam com dificuldades psicológicas.

Na nova Tavistock, reconstituída pelos soldados vindos do exército, foi a psicoterapia em pequenos grupos, seguindo a teoria de Bion, uma particularidade do programa psicoterapêutico.

Nessa época, nós a chamamos de "grupos de discussão", e a história oficial conta-nos que, nessas discussões,

> *os doentes podem compreender tão bem suas próprias dificuldades e, algumas vezes, adquirem a possibilidade de manejar melhor as relações interpessoais, atingidas pela doença psicológica... Esses métodos têm um grande valor psicossocial e devem ser considerados como uma nova orientação em terapia ligada à orientação social no estudo da psicopatologia das relações interpessoais.*[1]

O relato da clínica, para o ano 1946, destaca que um programa de avaliação se encontra em desenvolvimento, mas previne contra um otimismo terapêutico exagerado.

A nova Tavistock é concebida para ter um papel tanto educativo como terapêutico para o "Brave New World" do pós-guerra. Bion trabalha na criação de cursos que mostram a importância das ideias psicanalíticas em uma perspectiva social e médica. Ele presidia o "grupo sem o líder", cujos membros gravavam suas próprias experiências e estudavam as tensões que tal experiência evoca no grupo e seus membros. O grupo pode servir de canal para estudar os fenômenos afetivos de uma perspectiva totalmente diferente da situação psicanalítica clássica.

Quero sublinhar alguns traços do pensamento de Bion sobre os pequenos grupos e comentar alguns resultados de sua teoria no livro *Recherche sur le petits groupes*. Bion postula a existência de um "grupo racional", que ele nomeou "grupo de trabalho", cujo objetivo é completar uma dada tarefa. Assim que o grupo se reúne,

1 Relato da experiência na Tavistock Clinic de 1934/1946.

a intenção é realizar esse trabalho. "O grande mérito da obra de Bion é descrever o que ele chama, em inglês, 'basic assumptions' – traduzido para o francês como 'hipóteses de base', que agem contra este objetivo". Essas hipóteses representam as defesas primitivas e as relações de objeto psicológicas que podemos encontrar, universalmente, em todos os pequenos grupos, e que se opõem ao objetivo declarado do grupo. Dessa forma, o grupo e seu funcionamento tornam-se tanto objeto de estudo psicológico como o do analisando no consultório do analista. Destaco aqui que esse funcionamento do grupo não é, de fato, a mesma coisa que as relações interpessoais entre indivíduos e que nos ocupamos com um novo tipo de fenômeno psicológico. Bion descreve três hipóteses de base, mas considera que é bem possível que haja muitas outras. Ele nomeia essas hipóteses como hipótese de base dependência (HBD), hipótese de base ataque-fuga (HBAF), hipótese de base acasalamento (HBA). Esses atributos do grupo servem de resistência contra a realização da tarefa do grupo. É preciso observar que uma pulsão forte existe em oposição para completar a tarefa e preservar o grupo; ele a nomeia "hipótese de base W" ou "hipótese de base Work".

Bion observa que o grupo parece frequentemente dominado por certos estados afetivos importantes, que o levam a condutas incompatíveis com a tarefa do grupo. Esses estados são: (1) agressividade, hostilidade e medo; (2) otimismo; (3) incapacidade e terror. Bion observa que é como se cada membro compartilhasse uma fé comum, cuja experiência é o resultado. A experiência é descrita de maneira *as if* (como se). Nessas condições, o objetivo do grupo é agir como se ele pudesse preservar-se, encontrando um novo líder: como se qualquer um pudesse alimentá-lo melhor do que o líder atual; ou como se o grupo pudesse resolver os problemas atacando ou fugindo. Cada um dos estados do grupo define-se sob o signo das hipóteses de base.

Bion nos diz (*Recherches, p.19*):

> *tenho a impressão de que, até certo ponto, Freud não soube integrar, à sua teoria de grupos, a contribuição revolucionária, que ele construiu para a explicação das neuroses, procurando a origem não no indivíduo em si, mas nessas relações de objeto. O ponto importante, na observação do grupo, é que mudamos o terreno de estudos de maneira a englobar os fenômenos impossíveis de observar, fora do grupo. A atividade do grupo não se manifesta, com efeito, em nenhum domínio de estudos exterior ao grupo. O grupo, enquanto soma de indivíduos, reunido em uma sala, não acrescenta nada ao indivíduo ou ao agregado de indivíduos: ele só faz revelar alguma coisa que, sem ele, permaneceria invisível.*

Bion continua contestando a ideia de Freud de que o indivíduo perde suas características distintas em um grupo não estruturado. "Ora, para mim, a luta do indivíduo para conservar seus traços distintos reveste-se de um caráter, que varia com o estado de espírito do grupo, em um determinado momento. A organização do grupo tenderia a tornar o grupo de trabalho mais estável e mais permanente: (o indivíduo) parece muito mais suscetível de ser invadido pelas hipóteses de base, quando o grupo não é estruturado". *Recherches* dão muitos exemplos das hipóteses de base e de sua resistência contra a tarefa do grupo. Bion insiste na importância do papel do líder como ponto central da vida no grupo, e a maioria das interpretações insiste nas maneiras pelas quais os membros do grupo tentam forçar o líder a agir segundo as hipóteses de base. O objetivo terapêutico é reforçar a capacidade do grupo em terminar o trabalho ou "W".

É lamentável que a experiência bioniana, na Tavistock, tenha durado pouco tempo. O NHS (National Health System) foi fundado em 1948, e a maioria do pessoal da Tavistock decidiu participar dessa grande experiência de medicina social. Por sua vez, Bion decidiu retirar-se a fim de continuar e aprofundar seus estudos psicanalíticos. Sendo assim, sua contribuição direta à Tavistock foi de breve duração. Mas ainda que Bion tenha se retirado em 1948, sua influência sobre seus colegas da Tavistock Clinic foi profunda. Penso que ele tinha uma presença mais importante na sua ausência do que durante sua estadia de pós-guerra na clínica. Ele observa que: "Todas as hipóteses de base supõem a existência de um líder, embora, como já mostrei, no grupo de acasalamento, o líder seja 'inexistente', isto é, ainda não nascido. Este líder não é identificado como um indivíduo particular: ele pode muito bem não ser uma pessoa, mas uma ideia ou um objeto inanimado". Bion sugere que a história do grupo requer uma bíblia, da mesma maneira que a religião admite uma. Bion considera que o grupo recorre ao real, assim que acredita estar ameaçado por uma ideia, cuja aceitação exija o desenvolvimento psíquico dos indivíduos que fazem parte do grupo.

Como a situação da Tavistock sempre foi bastante marginal em relação à psiquiatria oficial e ao próprio NHS, é bem compreensível, que, nesse momento, uma grande parte do esforço terapêutico da clínica esteja embasada na teoria de grupos de Bion. Durante os anos 1949 a 1970, cada psiquiatra devia conduzir três grupos de doentes toda semana, segundo o método bioniano. Todos os estagiários deviam assistir a eles, a fim de observarem e aprenderem. Eles tinham como tarefa identificar e comentar as hipóteses de base e seus efeitos. Nós tratamos mais de dois mil pacientes com esse método. Infelizmente, de acordo com os critérios estabelecidos por David Malan, John Wilson e eu mesmo, somente 5% permaneceram mais de 2 anos nos grupos e mostraram melhoras significativas dos sintomas, das relações íntimas e das circunstâncias de suas vidas. Tal resultado não poderia ser devido, somente, aos efeitos de ocasião.

Podemos criticar essa pesquisa porque os líderes de grupos não eram o próprio Bion (de acordo com o que sei, ele não conduzia mais do que dois grupos na clínica) e porque eles não tinham o mesmo interesse e a mesma compreensão da vida dos grupos. Contudo, aí existiam alguns – Turquet e Esriel, em particular – que seguiam de perto suas ideias –, mas nós constatamos que seus resultados não eram superiores à média. Irving Yalom, o grande especialista americano, estudou o método tavistockiano. Ele o considera pouco terapêutico por causa do papel limitado do líder, que só dá interpretações às ações do grupo em termos de hipóteses de base, e não se engaja com seus membros em termos de outras técnicas ou possibilidades terapêuticas. Yalom constata que um grupo tem necessidade de um líder que seja positivo, acessível e caloroso – um método em que o líder é frio, impessoal e reservado não funciona. Dessa forma, o método e a maneira de interpretar estão muito longe do nível que os doentes podem utilizar. Os grupos bionianos parecem, sobretudo, aumentar em quantidade os doentes de caráter masoquista, que permanecem agarrados à vida do grupo sem mudança nos seus modos de vida. Hoje, ainda que tenhamos uns 40 terapeutas no serviço, só há 12 grupos terapêuticos ativos, e parece-me que o ímpeto e o entusiasmo por esse gênero de trabalho desapareceram completamente.

É preciso acrescentar que a contribuição de Bion permanece muito importante em outro campo de estudo, o das instituições sociais. Como mostrou, muito bem, Isabel Menzies nas suas pesquisas sobre os serviços de enfermagem, e Trist e Rice sobre os sindicatos e a indústria, a hipótese de Bion sobre os mecanismos da vida em grupos torna-se muito importante.

Um membro do pessoal da Tavistock entra como consultor em uma instituição – hospital, fábrica, serviço de assistência social, escritório ou nas reuniões que temos em Leicester e na Tavistock, e as hipóteses de Bion têm uma enorme utilidade para a compreensão das resistências inconscientes que ameaçam a vida da instituição. Essa compreensão nos ajuda a decifrar as hipóteses de base que bloqueiam o progresso do trabalho e permitem aos indivíduos, que vêm de meios completamente diferentes – a polícia, a Igreja, as prisões, a psiquiatria e a indústria –, discutirem e reconhecerem as semelhanças e as diferenças em sua vida institucional. Servindo-se de pequenos grupos como campo de estudos, durante essas reuniões, a relatividade dos efeitos de grupo e a institucionalidade tornam-se bem claras. Para aqueles que assistem a essas reuniões, tais experiências representam um verdadeiro encontro com o inconsciente. Na medida em que falamos delas, depois, eu me lembro frequentemente da fala espirituosa de Charles Rycroft, que, com isso, define os efeitos da psicoterapia: "o paciente se sente bem pior ou bem melhor ao mesmo tempo".

Para concluir, eu gostaria de reforçar a importância do trabalho de Bion sobre os pequenos grupos. Hoje, a Tavistock permite-nos interrogar, enquanto instituição, nosso programa de trabalho e nossas defesas inconscientes. Ainda que não seja utilizada para terapia, essa teoria nos oferece a possibilidade de ordenar melhor nossa vida institucional, intervir de maneira positiva e mudar os sistemas sociopolíticos entre os quais trabalhamos e, dessa forma, aplicar melhor a teoria psicanalítica no "National Health System" e na sociedade em geral.

5. Bion: a mentalidade do grupo

Introdução

A passagem de Bion pela Tavistock Clinic deixou traços. É no início de sua formação psicanalítica que levamos a ele um jovem irlandês de gosto literário, acometido de problemas psicossomáticos e fobias diversas, na perspectiva de psicoterapia: trata-se de Samuel Beckett.

Sem dúvida, nem um nem outro duvidaria, nesse momento, do que seria seu destino pessoal e profissional. Mas somos tentados a pensar que esse encontro, mesmo que tenha terminado bem bruscamente, marcou tanto um como o outro. O trabalho sobre a sobriedade e a ausência de afeto de um faz retornar ao trabalho sobre a linguagem ou sobre as emoções do outro. Um e outro aprofundaram sua obra mediante critérios pessoais difíceis, e de uma experiência da brutalidade mortal da guerra; Bion em 1914-1918, e Beckett durante a Resistência, na França.

Casado e logo pai, ele tem um lugar marcante entre os alunos de Melanie Klein. Mas desde o início da Segunda Guerra Mundial, ele é recrutado. Se, como nota Hildebrand, os médicos se beneficiaram de uma promoção por ocasião do seu recrutamento, Bion foi o único, ao término da Segunda Guerra Mundial, com o mesmo grau do início. No entanto, que serviço prestou ao exército, aos aliados, e também ao progresso do conhecimento! Pois foi durante essa guerra que ele introduziu sua técnica de grupos, que o tornou célebre. Antes de ser nomeado para um serviço de reabilitação de doentes em choque, ele participou de uma experiência bem estranha. Tratava-se de encontrar meios de selecionar melhores oficiais para o exército inglês, paralisados em um conformismo tradicionalista que inquietava os responsáveis, no início da guerra, que adivinhávamos difícil.

A experiência foi curta, mas não é absurdo pensar que ela deixou traços nas formas de recrutamento de alguns exércitos modernos.

Eis que, em seguida, ele é chefe de um serviço, às voltas com um problema: os pacientes são largados, e a inoperância é a fonte de problemas e indisciplina. É necessário fazer alguma coisa. Era importante, então, que Bion mostrasse que assumiria seu papel de chefe; que tornasse seus pacientes mais dinâmicos e mais disciplinados; que fizesse andar seu serviço sem, no entanto, dispor de um pessoal numeroso. Um método coletivo, de grupo, impunha-se. Então, uma das experiências mais dinâmicas deste século começou a partir de um simples problema de inatividade. Não podemos nos esquecer de que esta experiência é contemporânea do que acontecia nos hospitais psiquiátricos ingleses em torno da terapia ocupacional, experiências nas quais os franceses se inspirariam.

Bion não pensava em elaborar obra psicanalítica. No máximo, ele esperava que os psicanalistas, posteriormente, extraíssem toda a dimensão teórica disso, o que fez, por exemplo, Ophélia Avron.

Bion: a mentalidade do grupo

Ophélia Avron

A mentalidade do grupo é o primeiro conceito estabelecido por Bion no período em que ele praticava a psicoterapia de grupo na Tavistock Clinic de Londres, em torno dos anos de 1945 a 1948, aproximadamente. Esse tempo relativamente curto não permitiu uma conceituação acabada. Apesar disso, a obra de Bion, que reúne neste domínio seus artigos *Experiências sobre os pequenos grupos*,[1] foi e continua, para mim, a obra de referência mais estimulante.

Minha própria prática de grupo (grupo verbal e, sobretudo, psicodrama) me fez sempre pensar que a dinâmica emocional era a via principal para compreender o que se passava desde que pessoas se encontravam reunidas. Muitos terapeutas pensam do mesmo modo, mas Bion é um dos raros autores, para não dizer o único, a tomar deliberadamente essa via de pesquisa.

É preciso vê-lo seguir essas tênues reações que se organizam em nível não verbal: circuito de olhares, de gestos, de mímica, e manter sua atenção simultaneamente sobre o que está sendo experimentado, fazendo de sua própria emoção participativa uma emoção perceptiva, que é a base de seu pensamento.

"Sempre preste atenção no que o grupo o faz sentir", dizia ele. Essa simples observação permite, de imediato, sentir seu modo de funcionamento e suas preconcepções. Em consequência, não são as contribuições deste ou daquele participante que retêm sua atenção, mas o grupo, isto é, a percepção global das contribuições obscuras de uns e de outros, e isso por meio da união de sua própria experiência.

---

1 Bion, W. R. (1965). *Recherches sur les petits groupes*, PUF.

A noção de mentalidade de grupo[2] lhe permitirá formalizar a percepção de um funcionamento global. A esse funcionamento primário não consciente Bion oporá, mais tarde, um funcionamento secundário, capaz de sustentar a cooperação consciente, e que denominará "grupo de trabalho".

Esta breve exposição pretenderá, antes de tudo, tornar claro aquilo que é do funcionamento primário da mentalidade de grupo e como essa noção estimulou minhas próprias experiências. Parece-me importante não endurecer o pensamento desse autor, tão vinculado a facilitar os processos de transformação e, sobretudo, mostrar como ele pode nos ajudar a pensar, com todos os riscos que isso implica.

Eis aqui a primeira definição de Bion (1965, p. 30) sobre mentalidade de grupo:

> *Eu farei, então, a hipótese de uma mentalidade de grupo que constitui um fundo comum no qual são lançadas as contribuições anônimas, graças às quais, as pulsões e os desejos que elas contêm possam ser satisfeitos. Toda contribuição a esta mentalidade de grupo deve ser consequência das contribuições anônimas ou ser mantidas por estas últimas. Eu penso que a mentalidade de grupo apresenta uma uniformidade que contrasta com a diversidade de pensamento que é própria da mentalidade dos indivíduos que contribuem para sua formação. Além disso, a mentalidade de grupo, como acabo*

2 Mais tarde, Bion mudará a terminologia *mentalidade de grupo* para *grupo de base*. Essa nova terminologia presta-se às confusões. Ele será obrigado a explicar que não se trata de "grupo" tomado como reunião de indivíduos, mas de seu funcionamento de base quando eles estão reunidos em grupo. Eu prefiro manter o termo *mentalidade de grupo*.

de definir, estará em oposição aos objetivos conscientes dos indivíduos que constituem o grupo.

Essa definição, mais descritiva que explicativa, acentua quatro características que todo observador de grupo questiona:

- a unanimidade;
- o anonimato;
- a uniformidade posterior dos estados emocionais inicialmente individualizados e diferenciados;
- e finalmente os conflitos entre o nível de funcionamento coletivo e o nível de funcionamento individual.

Por fim, permanece o mais difícil a explicar: como contribuições individuais diferenciadas tornam-se uniformes; como, a partir daí, estabelece-se um funcionamento unânime; e finalmente, como cada um contribui para reforçar anonimamente esse funcionamento, o que significa meter-se em um conflito em relação com seu próprio funcionamento pessoal.

Essas questões imensas permanecerão, em grande parte, em suspenso porque elas demandam, para sua elucidação, uma verdadeira metapsicologia do funcionamento grupal, trabalho conceitual que está longe de ser terminado. Bion, contudo, continuará a pesquisa à sua maneira inventiva e tateante, sem preocupação de articulação precisa ou de definições acabadas. A pesquisa sobre a natureza desse funcionamento primário passará por duas vias: uma mais descritiva – as hipóteses de base –; e outra mais conceitual – o protomental.

As hipóteses de base

No fluxo emocional da mentalidade de grupo, particularmente difícil de observar, Bion acredita poder descobrir a existência de três estados sucessivos, que ele denomina hipóteses de base: hipótese de base dependência, hipótese de base ataque-fuga, hipótese de base acasalamento. Vou defini-las rapidamente:

- *hipótese de base dependência*: o grupo, em seu conjunto, remete-se de uma maneira absoluta e passiva a um líder, sem avaliar suas capacidades e sem que necessidades pessoais tenham sido reconhecidas;
- *hipótese de base ataque-fuga*: os membros do grupo são espontaneamente unânimes em atacar ou fugir de um dos seus, de outro grupo ou de uma ideia-força, sem que um perigo preciso tenha sido observado;
- *hipótese de base acasalamento*: espera coletiva de uma solução que está por vir, mas em um contexto muito particular; a atenção é estimulada por dois participantes do grupo (qualquer que seja o sexo), que, por um curto momento, parecem exibir um interesse recíproco e exclusivo.

As hipóteses de base são o aspecto do trabalho de Bion que conhecemos melhor e acerca do qual há uma tendência à solidificação. Do meu ponto de vista, as hipóteses de base correspondem, sobretudo, a uma preconcepção, como o próprio nome indica, e não apenas ao realismo da observação. É verdade que a observação, para sustentar-se, tem necessidade de referências representativas consistentes. Esse é o fato que conduz Bion a investigar comportamentos ou estados de espírito (ele utiliza indiferentemente os dois termos) que, mesmo estáveis emocionalmente, apresentam certa coerência e certa persistência. A partir daí, poderíamos procurar saber se esses comportamentos coletivos são, de fato, identificáveis e se são redutíveis a três... Não argumentarei nesse nível clínico. Aqui, interessa-me o problema conceitual e que me parece particularmente espinhoso, que é o de saber como justificar essa característica tão misteriosa chamada *unanimidade*. De que maneira um estado emocional coletivo pode vincular os indivíduos reunidos em conjunto? E como esse vínculo emocional consegue encontrar suas representações ou seus representantes para organizar um comportamento manifesto? Bion jamais coloca a questão nesses termos; ele parece, com frequência, fazer das três hipóteses de base a condição para o surgimento primário do funcionamento coletivo, como se os aspectos emocional e representativo se encontrassem imediatamente ligados.

O protomental

A natureza das três hipóteses de base tem sido objeto de constante interrogação. Para explicá-la, Bion desenvolve o postulado do protomental. Trata-se de um postulado bastante complexo que supõe que, antes de tomarem sua forma psíquica observável, as hipóteses de base existiriam em um estado não identificável, em que o físico, o psíquico e o mental estariam ainda intimamente ligados e misturados. Cada hipótese de base surgiria sucessivamente dessa matriz de indiferenciação, imprimindo sua própria forma psíquica reconhecível.

Ainda que ele indique esse momento como o de formação de características psíquicas, em que a hipótese de base se torna identificável no grupo, Bion introduz uma observação que não será desenvolvida a seguir, mas que é muito importante para o assunto aqui tratado. É a seguinte:

> Poder-se-ia acreditar que o grupo faz uma hipótese comum, e que todo o resto, inclusive as emoções comuns aí associadas, decorre desta hipótese, no entanto, isto não representa meu pensamento. Ao contrário, *eu considero que o estado emocional já existe de início e que* é a hipótese de base *que decorre dele* (grifo meu) (Bion, 1965, p. 60, cit.)

Quanto à hipótese de base, ele acrescenta: "Ela não é claramente explícita, mesmo quando serve de base à ação" (Bion, p. 60). O problema de sua articulação permanece aberto.

É neste ponto específico que situo minhas próprias pesquisas. Eu postulo claramente, antes de qualquer representação, a existência de um funcionamento primário coletivo de tipo emocional. Parece-me, com efeito, que as características unanimidade, anonimato e uniformidade não podem ser concebidas senão no nível emocional. Contudo, quais são as forças internas que permitem simultaneamente assegurar a ligação emocional comum e as representações coletivas manifestas?

Para sublinhar a dimensão emocional intuitiva é que é preciso examinar para retirar as características coletivas que aí estariam vinculadas. Eu mesma designei este funcionamento de base: emotividade grupal e, para anunciar imediatamente minha hipótese central, acrescento o qualificativo "rítmico".

Por intermédio da designação emotividade grupal rítmica,[3] eu retomo, assim, o termo "emoção", constantemente utilizado por Bion, embora jamais definido, e que conduz a muita confusão. Quero diferenciá-lo das disposições instintivas descritas pela psicologia clássica e não o confundir com o afeto tal qual Freud o conceitualiza: representante psíquico da pulsão que se manifestará na experiência personalizada da relação de objeto. Ainda que eu permanecesse à sombra de certa indeterminação, designo por emotividade grupal rítmica não os elementos psíquicos diferenciados, mas uma função que aparece no campo grupal e que coloca em estado combinatório instável os estados tensionais individuais no seu nascimento psíquico. Eu insisto, não se trata de adição nem

3 Avron, O. (1985). La psychanalyse et le groupe: Énergie libidinale et émotionnalité. *Revue de psychothérapie et psychanalyse de groupe*, Érès, p. 39.

de fusão, nem mesmo de cadeias de interação retroativas, mas de uma função emocional grupal, que incluirá suas próprias forças internas para assegurar um funcionamento psíquico contínuo e distinto das contribuições individuais que o constituem.

Tenho sido sempre muito sensível ao fato de que, ao nível do funcionamento emocional, os conteúdos são menos importantes do que as manifestações flutuantes que lhes dão origem e que dão a impressão de uma espécie de polifonia rítmica muito predominante e apaixonante. Essa analogia me fez supor que esse funcionamento de base era imediatamente mantido em equilíbrio instável por uma auto-organização rítmica de tensões emocionais coletivas, antes de qualquer personalização das relações objetais. Particularmente, a observação dos grandes agrupamentos mostra com clareza que, quando os humanos estão juntos, eles não têm necessidade de se reconhecerem ou de reconhecerem seus interesses, suas certezas, para organizarem imediatamente um funcionamento rítmico a partir de estimulações e reforços de tensão recíprocos. Até agora, não se trata de descarga, porém, de um funcionamento rítmico contínuo e instável. É esse fato que torna a descrição desses estados tão difícil e torna necessário o recurso a um vocabulário analógico do tipo musical, climático ou relacionado à dinâmica dos campos de tensão para tentar dar conta do movimento do processo em construção, e qualifica-se imediatamente por sua auto-organização rítmica. Esse funcionamento primário é muito mais observável em grandes agrupamentos do que nos pequenos grupos. Aqui, ele passa frequentemente despercebido, pois é mascarado por relações libidinais personalizadas que ocupam o primeiro plano, mas presentes como pano de fundo em seu estranho percurso anônimo.

Essa postulação me permite passar a essa característica de anonimato, realçada inicialmente por Bion e sobre a qual eu gostaria de insistir no meu ponto de vista. Cada um participa, sem querer e sem saber, dessa polifonia emocional rítmica: é a primeira forma de anonimato. O retorno anônimo dessa criação comum sobre os psiquismos individuais se constitui no segundo aspecto dinâmico. Cada indivíduo encontra-se, com efeito, na estranha posição de não reconhecer o que ele ajudou a construir e que retornará a ele irreconhecível. Ele está consequentemente situado ao mesmo tempo dentro e fora de um funcionamento para cuja produção interior ele contribuiu sem o saber, e cuja metamorfose não pode reconhecer quando isso retorna a ele, aparentemente, do exterior. Muitas vezes, falamos da impressão de euforia, de fusão vivenciada nos grupos, e não falamos o suficiente da impressão persecutória relacionada ao impacto no psiquismo desse funcionamento mutante, que parece pertencer "aos outros" e do qual somos, no entanto, coautores. Esse impacto energético pode retornar sob a forma de um traumatismo, com o risco de ser rejeitado como pura exterioridade, sem possibilidade de reconhecimento. Essa perspectiva poderia se prolongar com uma reflexão, retomando as noções de interno e externo do nível psíquico, de continente e conteúdo (contribuição posterior de Bion), e ainda do conceito de identificação projetiva. Mas esse é outro projeto.

Minha última, questão, a mais incerta, é a seguinte: como esse funcionamento emocional comum, não consciente, mas, de início, qualificado como rítmico retira sua densidade representativa? Sob que forma? Minha reflexão atual me conduz a pensar que essa ligação representativa se concretizaria paradoxalmente no momento em que a função de emotividade rítmica está em risco de ruptura. Tenho observado com frequência que, nos momentos de excesso de tensão, produzem-se "efeitos de massa" bastante visíveis, quando próximos da distensão, e que são geralmente apresentados pelos observadores em detrimento do funcionamento discreto e contínuo que os conduz. Esses efeitos de massa assinalariam que a auto-organização psíquica, rítmica, é sobrecarregada. No entanto, há um fato particularmente interessante; um participante propõe-se, de forma espontânea, a conter ou desviar essa tensão comum para um estado de massificação prestes a distender-se (descarga que às vezes se realiza). Tudo se passa como se "um indivíduo grupo", respondendo pelo funcionamento emocional de base, tornasse-se o representante encarnado, assegurando a continuidade. Essa intermediação personalizada assegura a sobrevida do vínculo coletivo anônimo. É nesse ponto que colocarei a origem do funcionamento da hipótese de base em operação. Descrevendo o aparecimento de líderes espontâneos, Bion diz, sem cautela, que eles são as "criaturas da hipótese de base". Estas não são, com efeito, nem as mais competentes em prever nem as mais astutas em táticas, mas as mais submetidas ao funcionamento coletivo e, frequentemente, os membros mais patológicos. Eles se tornarão líderes ou porta-vozes (são representantes diferentes do funcionamento coletivo) a partir dessas turbulências emocionais, mais ou menos importantes e mais ou menos passageiros quando vêm ameaçar o equilíbrio instável, porém, geralmente contínuo e apenas perceptível do funcionamento de base. Esses percursos efêmeros podem se estabilizar e tomar aspectos mais trágicos ou mais benéficos na medida em que entrem no circuito recíproco das projeções libidinais e quando são sustentados por uma visão consciente e estratégica. Haveria muito a dizer a esse respeito.

O que quero destacar, nesta minha questão, é que a representação do grupo é, aqui, uma representação "ativa" e que surge por uma necessidade de controle psíquico interno, expressão de cada um como representante individual se oferece, a cada um, como representação encarnada do funcionamento coletivo anônimo.

Acrescentarei que é também o momento em que esse representante emocional, visível a todos, torna-se facilmente a figura projetiva de imagens libidinais, as quais pertencem propriamente a cada um.

Nos grupos de terapia, é o momento em que o terapeuta é bastante solicitado para tornar-se o representante da emotividade comum. Ele é impulsionado ao papel de regulador, salvador, messias, bode expiatório; às vezes, ele se absorve por si só. É também o momento das mais intensas projeções de imagos infantis individualizadas. Momentos fecundos e difíceis, nos quais o terapeuta tem necessidade de esclarecer a si mesmo e, por consequência, para o grupo, o que se está vivenciando na confusão e no desconhecimento.

Com o objetivo de aclarar essa exposição, somente levei em conta a compreensão do funcionamento emocional de base, deixando em segundo plano a imensa complexidade das relações de apoio ou de conflitualização organizadas, de um lado, entre esse funcionamento anônimo de base e o funcionamento de grupo consciente e, de outro, entre o funcionamento coletivo e o funcionamento libidinal individual, ao qual, há pouco, fiz alusão. Tudo funciona em conjunto, o que não quer dizer que em colaboração. A interpretação terá de estar nessas junções de articulação e de mal-entendidos. Bion mostra o indivíduo constantemente em conflito com sua sociabilidade, que, ao mesmo tempo, despersonaliza-o e dá-lhe vitalidade e ainda o coloca em conflito com sua individualização, que constitui sua identidade e diferencia-o. Seu objetivo terapêutico consistirá em fazer desse funcionamento de base, que cega o pensamento, uma experiência emocional consciente, fonte de transformações psíquicas positivas.[4] Interrogando-se sobre sua função de terapeuta de grupo, ele escreve:

---

4 Avron, O. (1984). La méthode interprétative de Bion dans lês petits groupe. *Revue Connection*, Desclée de Bouwer, n. 44.

De fato, eu faço interpretações porque estou convencido de que o grupo é potencialmente capaz de uma grande atividade intelectual, desde que tome consciência das emoções associadas à hipótese de base em vez de evadir-se delas. Se a terapia de grupo pode ter algum valor, será pela experiência consciente desse gênero de atividade de grupo. (Bion, 1965, p. 120)

6. Bion e uma instituição de psicoterapia popular: La Chavannerie

Introdução

A experiência de Bion sobre grupos teve enorme repercussão. Ela oferece possibilidades de compreensão, de classificação e de ação sobre os grupos terapêuticos, mas também abriria uma nova compreensão, útil aos fenômenos institucionais. Evidentemente, esse conhecimento pode ser aplicado a toda instituição. Mas algumas reclamam abertamente da dimensão que Bion estava tentando trazer para sua pesquisa e sua prática, em particular, na Tavistock Clinic. Podemos discutir os ecos desse trabalho, mas a referência a Bion não pode ser ignorada.

Bion e uma instituição de psicoterapia popular: La Chavannerie

Antoine Appeau

Podemos conhecer ao acaso textos e conferências de seres excepcionais, mas não podemos ignorar que o homem genial também possui um *ego comum, capaz de entusiasmo, de encantamento e de SIMPLICIDADE* e, mesmo assim, não acreditar que ele possa nos colocar em contato com nossa "música confusa", entendê-la e *notá-la.*

Quando escrevi a Wilfred Bion, em 1976, ousei esperar, sem grande convicção, uma resposta favorável a um pedido de supervisão de grupos numerosos, em uma instituição psicoterapêutica que eu dirigia há 8 anos – o músculo mental que mantém a boa circulação dos canais de comunicação de uma instituição atrofia-se sem o exercício do confronto de seu trabalho cotidiano com um grande "espírito" de seu tempo.

Nos dias seguintes ao envio de minha carta a Los Angeles, preparei-me para uma decepção, pensando que todas as cartas que chegam ao Vaticano não são premiadas com um encontro com o Papa. Eu me dizia que eu era, no mínimo, sem pudor e que deveria abandonar a psicanálise "fora dos muros" para consagrar-me só ao meu currículo de analista.

Qual não foi minha alegria quando recebi, pelo correio, uma aceitação a meu ambicioso projeto e, principalmente, o que se segue:

"O senhor pode, se assim o desejar, vir a Maroutal, na Dordogne, todas as manhãs das dez às doze horas, no mês de agosto", *e depois,* acompanhado de um mapa, que penso ser o de um cartão pessoal, que permitia situar a casa do mestre em relação a São Cipriano. Minha felicidade, entretanto, durou pouco; fui, com efeito, acometido de uma angústia existencial, pois *deveria confrontar-me* com um grande pensador da psicanálise e *saber se* a Chavannerie era ou poderia vir a ser uma instituição de psicoterapia popular. Freud (1918, p. 141) pareceu nomeá-la assim, como prometeu em sua obra[1] – ou, então, se um lugar em que seria analítica com a presença do analista.

Na espera do angustiante julgamento, que esclareceria o que ele havia escrito em "suas reflexões", decidi anotar cada sessão, registrando-as automaticamente e sem grande esforço de memória, dando-as a um amigo anglófono para que traduzisse o meu registro de experiência de 20 grupos, do mês de julho, grupos estes que eu monitorava na clínica.

Wilfred Bion, na data combinada, recebeu-me durante toda a manhã em sua bela mansão de Périgord, com a imensa solicitude de uma pessoa mais velha, cujo grande mérito é fazer o possível para ressaltar o mérito[2] de um jovem colega, em ajudar nas suas pesquisas, nas suas relações com outros cuidadores, não achando nenhuma tarefa enfadonha, até *na compreensão* das relações de gestão da instituição e do "turning over" de pacientes.

Ao deixar a mansão, 15 dias mais tarde, aquele que mais contribuiu para conceitualizar, depois de Freud, a metapsicologia, disse-me, certamente para encorajar-me, o que pensava:

– A clínica, para a vizinhança, é uma *academia,* aonde os pacientes vêm e vão, cada vez mais, para aprender a *pensar* sobre seu mundo interno, em crise, para *VIVER* no futuro;

– Se o senhor não se preocupar em alimentar sua vida mental... quem o fará?... Quem se preocupará em ensinar-lhes como pensar?

---

1 Freud, S. (1918). *La Technique psychanalytique.* Paris: Bibliotheque.

2 Palavra inserida pela tradutora (N.T.).

– Todo esforço para tornar as pessoas melhores é IMPORTANTE.

– A ANÁLISE não tem um século, e o CONJUNTO DE SUA VISÃO é muito limitado para abraçar *o mundo imenso* da mente humana... Nos próximos anos, *não poderemos, talvez, pensar* mais em cura psicanalítica, sem a ajuda de instituições psicoterapêuticas... ESPERANDO... o senhor conhece a célebre frase: não temos mais tempo a perder.

Concordamos com uma visita e uma conferência em Chavannerie 1 ano depois, antes de voltarmos a trabalhar juntos em Dordogne, no agosto seguinte.

No caminho de volta a Lyon, eu tinha íntima convicção, ingênua ou pretensiosa, de ter sido sagrado *cavaleiro aprendiz cuidador institucional* por um dos nobres psicanalistas residentes em solo francês.

Não esgotei *minhas surpresas*, descobrindo, em uma quinzena, a generosidade e a simplicidade de um homem genial.

Na noite da conferência de W. Bion, no ano seguinte, na velha sala da prefeitura de Chaponnest, ele conheceu, afastando-se um pouco para olhar, algumas aquarelas de Michel Ciry, que degustou maravilhado.

O fato, em si, não tinha nada de surpreendente, pois eu sabia que ele gostava muito de Michelangelo, Leonardo da Vinci e Monet, mas que um homem de grande talento preste homenagem ao maior aquarelista de seu tempo, no dizer de François Daulte, é bastante raro para não ser notado. *A cegueira dos gênios para com sua época é lendária...*

Também é verdade que W. Bion era um grande psicanalista que podia se extasiar na admiração pela inveja, do majestoso trabalho de um de seus contemporâneos:

> *Como podemos observar por 3 horas sem realçar toques de guache em aquarelas tão grandes... o senhor viu esta bruma sobre Étretat... estes vestígios de Delfos... este céu deitado sobre a acrópole... estas nuvens sobre uma estrada de Varengeville com suas árvores angustiadas... esta planta primaveril do centro da França; eu o ouvi de Marcel Proust: "o senhor viu estes espelhos, nos quais são reveladas partes importantes da realidade".*[3]

Ele lembrou-me, em duas cartas seguintes, sua profunda emoção ao descobrir estas telas, e eu soube depois que ele dizia a seus filhos: "Que pena que não puderam admirar estas pinturas".

Durante um jantar na casa de Alain Chapel, enquanto a Sra. Bion, Claire Degoumois e minha esposa, na aura religiosa da meca gastronômica, trocavam opiniões apaixonadas, comparando méritos da cozinha moderna e da cozinha tradicional, W. Bion maliciosamente disse: "eu bem que gostaria de degustar, um dia, a cozinha da mãe de Charles; um amigo, em Nova York, disse-me que era um dos melhores restaurantes do mundo". Em coro, com toda a alegria de surpreender nosso ilustre convidado com uma conversa histórica, respondemos *fortíssimo*: "Mas, Senhor, estais aí!".

Foi, então, que vi sua bela fisionomia brilhar com o olhar dirigido para sua esposa, *cheio de voracidade*, e com o livro do chef autografado, que Claire Degoumois ofereceu-lhe alguns momentos depois, acrescentar um pingo de prazer aos lábios.

No dia seguinte, ao longo da estrada sinuosa que nos conduzia, de carro, de Lyon à Dordogne, por Saint-Flour, ele nos fez cantar, minha esposa e eu, canções francesas, e eu tive a liberdade de

---

3 O aluno, Appeau, está descrevendo, em destaque, os comentários de Bion sobre suas impressões do quadro de Michel Ciry.

observar uma cena extraordinária da vida cotidiana: a felicidade conjugal de um grande gênio de olhos brilhantes de inteligência e de bondade.

Na arte, como na psicanálise, somos tímidos; é preciso seguir como o escritor Marcel Proust nos disse: "Aí podemos AMAR... AMAR... até o momento, amamo-nos".

– *Se agora gosto de ouvir o* que tenho a dizer a um paciente ou a um grupo; se gosto de ouvir o que um paciente me responde ao que acabei de dizer... é porque Wilfred Bion, durante suas supervisões, mostrou-me *a essência do pensamento sem pensador*, e o alimento que minha imaginação pode encontrar na associação de um paciente que segue minha interpretação... Ele me ensinou a amar, lançar-me em *tais lugares benignos* da escuta, e que temos *de esquecer* uma interpretação evidente *para escolher* a que procura esclarecer uma zona obscura.

Quando ele parecia, de repente, abandonar a harmonia de uma passagem de texto de grupos numerosos que eu lhe expunha, havia nisso *uma imensa nobreza* em seus movimentos de mergulho da cabeça no corpo, tão perfeitamente despojados de maus modos apreendidos ou espontâneos *que eu percebia que ele queria* se desfazer de toda a escória que pudesse perturbá-lo. Após suas pálpebras se fecharem em uma profunda expiração até meio adormecimento, *ele emergia*, em uma atitude soberana de treinador esportivo no treino, *como uma observação iluminada* sobre um erro de técnica ou de um aspecto de teoria que abria, com pertinência, minhas barreiras na experiência, rapidamente fechadas pela angústia do universo psíquico em expansão.

Quando ele se dirigia ao quadro da peça monástica em que me recebia para desfazer delitos instituídos por um paciente mentiroso ou por um cuidador parasita, usava *uma arte didática de esquivar-se*. Ele me dava a caneta com ponta de feltro, que usava para representar o lugar e o tempo da experiência sensível. *Enquanto isso, perseguia a vadiagem de seus pensamentos,* como a me fazer compreender que eu deveria continuar a perseguição dos meus pensamentos. Seu discurso tinha, em parte, o objetivo de manter seu curso, *a fim de ensinar-me* a não me distrair, mesmo com sua grande capacidade de elaboração. Assim, *para que, no futuro*, o tiro cruzado da relação grupal, prolongando meu "sonho", encontre *o* dos pensamentos que deveriam ser enunciados sem medo de mudança catastrófica para o grupo – e no caso em que a menor distração possa dar *lugar à sua falsificação*, vigiada pelos pacientes ou pelos cuidadores da perversa organização e, a seguir, entretida pelo silêncio daqueles que se sentiriam desacreditados por uma linguagem institucional explosiva, para o maior proveito do babelismo ou do status quo.

Para me permitir apreender melhor a "evidência" ou os pensamentos deixados ao sabor hic et nunc das sessões de grupo numeroso, que ocorriam em um lugar diferente daquele em que se desenvolvia a supervisão, Bion podia executar, com sucesso, *extraordinárias misturas tecnológicas* desconcertantes, indo do *rigor* da análise, quase gramatical do texto, palavra por palavra do paciente, *até os voos poéticos* que eu encontraria, bem mais tarde, nas melodias de "Memórias do Futuro". Até aquele momento, na sessão, eu ficava ouvindo o que eu teria podido anunciar no passado, e lá, sem a necessidade de reter ou de me agarrar à riqueza e à profundidade de sua interpretação precisa, que, assim que ela chegasse ao desvio de uma anedota, de uma citação ou de um poema, *para ele* era secundário, desde que em outro meio, diferente daquele em que o enunciava, com outros protagonistas, e que haviam vivido no fogo da relação grupal.

Cada dia, desde que o deixei, não me sentia nem esmagado pela minha ignorância nem frustrado no meu desejo escolar de apropriação de "teorias sobre o caminho do Saber". Eu experimentava um vago sentimento de poder vir a ser um dia UM CUIDADOR INSTITUCIONAL: *pela disciplina cotidiana e os esforços de coragem* "para ler" os pacientes, qualificados pelo que Bion oferecia voluntariamente como modelo de identificação.

Suas ideias sobre a instituição psicoterapêutica sobreviveram, se elas se deterioraram ou se evoluíram em Chavannerie, minha breve exposição sobre a coterapia em análise institucional e sobre a hospitalização descontínua permitirá aos senhores julgá-las.

I. A psicoterapia analisa a instituição pelos impasses na cura

Se, para os pacientes em primeira invasão psicológica e não submetidos à quimioterapia, a instituição de psicoterapia popular pareceu-nos uma maneira privilegiada para um *prelúdio a atos de passagem salutares*, como os de uma análise pessoal antes do final de sua permanência. Durante anos, constatamos que a Chavannerie poderia constituir-se em um *meio adequado* para ajudar os pacientes em análise a elaborarem os graves impasses que poderiam sobreviver durante sua cura:

- transferência psicótica baseada em projeções e confusões maciças;
- sobrevivência de uma atração pela função K, com entrada no sistema valorizado e todo-poderoso em mentiras (J. Gammill);
- retomada das formações psíquicas separadas – actings out totais e excessivos.

Efetivamente, essa instituição que é dotada de um projeto – o desenvolvimento do insight dos pacientes – inclui um quadro e um dispositivo nepótico.

Ambiente do grupo terapêutico inserido com o da instituição, se bem que o pessoal formado no local permanece sempre respeitoso e *preocupado com a função instituinte da clínica*, e não pela conquista do poder que instaura a separação entre instituição e organização.

Dispositivo nepótico composto por três ordens de privilégio consentido a todos os pacientes:

- gratuidade de atenção para a aprendizagem da experiência da ilusão – desilusão e grupos numerosos e pequenos grupos alternados diariamente;
- *direito de participação*, em todos os grupos abertos e *de ajuda*, de todos os cuidadores institucionais mediante pedido, da mesma forma que outros terapeutas dentro e fora da instituição, qualquer que seja o percurso terapêutico anterior ou em andamento, até que um contrato preciso seja ou não elaborado no futuro;
- enfim, o direito de voltar à instituição, depois de uma entrevista com um monitor de grupo, sem obrigação de fazer uma tentativa de suicídio para transitar pelo serviço de urgência por causa de um retorno catastrófico.

A hospitalização em uma instituição como esta (e também na perseguição da cura fora dos muros, mesmo com enfermeiros vigilantes em relação a como os pacientes se entregam na sessão) certamente *pode constituir* um acting, mas aí um acting para atacar, um acting armado, *na medida* em que o analisando encontre neste meio:

- *Psicoterapeutas institucionais*, comprometidos a cada dia com os momentos de caos, de confusão, de angústias paranoides ou catastróficas, que os analisandos poderão observar nos grupos dos quais eles poderão participar, se em seus horários de sessão de análise os deixarem à vontade;

- *Uma intimidade pessoal com outros pacientes com a mesoestrutura,* que, mesmo tendo 15 horas de psicoterapia de grupo por semana, com duração limitada à sua hospitalização, não mobilize, ao menos, com entusiasmo, toda sua energia para ajudar os monitores de grupo.

Esse duplo encontro não *deixará de incitar no analisando* em crise *uma competição pelo crescimento* com outros pacientes, *um desejo de superar o outro para encobrir o prazer da tomada de consciência de seu* ego sadio, e de acordo com o *desejo de restabelecer a origem dos erros* com seus analistas, necessário para sair do impasse – sobretudo se o psicanalista, na instituição, tem uma função de mestre de escola de economia e para se proteger de suas pulsões reparadoras e parentais, escolhe, de preferência, uma resposta de bom senso, educativa no lugar de uma interpretação de transferência para fins didáticos (a interpretação completa do enunciado de um paciente no grupo, contendo relações com elementos presentes e passados da vida da instituição e de sua vida pessoal, ensina todo o grupo), especialmente se o psicanalista, em divã, *esforça-se* por tornar digestível o que é indigesto para o ser humano nas oscilações de integração e de desintegração da instituição e, assim fazendo, *obtém sucesso* em reduzir, consideravelmente, essa parte de inibição que se cola à pessoa do mestre vingador, que, muitas vezes, é a vivência do analisando, quando a transferência se torna psicótica.

Mas, se os monitores de grupo tornam-se o objeto de idealização, de projeção *do deslocamento pleno da transferência dos analisandos,* seus outros pacientes do grupo dar-se-ão ao prazer desleal de apontá-lo, porque, como "parentes pobres", eles estão sob controle de actings in de "seus irmãos ou irmãs privilegiados", dos quais eles exigem mais do que a si mesmos: isso respeita a regra de abstinência na Instituição – o dever à tomada de consciência, à rejeição às fugas daí por diante – e à notificação formal de recuperação rápida dos impasses com seu analista, para que deixem a clínica.

Eles provocam, frequentemente por arrogância, reações violentas nos analisandos com observações terríveis, mas encorajadoras, para humilhá-los, reações estas necessárias à elaboração de ameaças de colapso da estrutura analítica.

De fato, além da transferência psicótica que pode aparecer na cura; no tratamento, também pode ocorrer o colapso da estrutura, quando o paciente pode ser levado a REVIVER ou a EVITAR as ansiedades catastróficas da separação.

O analista pode ser vivido como uma mãe depressiva ou narcisista, incapaz, como objeto primário, de aprender certos aspectos do EGO infantil, parasitados por este objeto – autonomia e liberdade (Jean Begoin).

O setting analítico pode vir a ser insuficiente, pois o paciente fica aterrorizado pelo medo de uma expulsão do desejo e do sofrimento psíquico, não elaborado pelo analista no paciente, como repetição da projeção de sua própria mãe, de partes infantis em perigo.

E, se não houver a avó "Instituição", com uma boa relação mútua com o analista... o paciente interromperá a cura – o que não é grave em si, se soubermos aguardar. Mas a gravidade acontece quando esta interrupção pode se acompanhar de uma grave tentativa de suicídio ou de suicídio de fato ou, ainda, de medicação com dependência tóxica.

É, então, que encontramos, como nas famílias, as dificuldades de relacionamento continente-conteúdo: se a mãe fracassa na sua função que falta.

Mas os DESACORDOS entre a madrasta e a enteada estão sempre presentes. Será que é por isso que os analistas aceitam, raramente, confiar suas crianças em crise a uma avó instituição, mesmo que tenha identidade psicoterapêutica? É verdade que sempre podemos nos perguntar se a avó-madrasta instituição ama, suficientemente, a enteada analista. Por isso a relação a três pode ser hospitaleira em proveito das três gerações.

II. A hospitalização intermitente para os pacientes *borderline*

Se a instituição é um lugar privilegiado para a *recuperação espetacular* da organização defensiva de pacientes com transtorno borderline, após o primeiro aparecimento dos sintomas – *e não o lugar de elaboração* da ruptura da organização narcísica – com o confronto, corolário da angústia de desintegração, confusa e catastrófica.

Se a instituição psicoterapêutica *pode vir a ser um dos lugares idealizados* em que o paciente *vá refugiar-se para* retirar-se da vida, da análise, atacar suas riquezas pessoais, separar-se de seus sentimentos com satisfações perversas ou entregar-se a uma atividade sádica e seduzir seu ego sadio para infantilizá-lo, excluí-lo temporariamente ou apagá-lo – *negando* as experiências aterrorizantes, das quais ele é o autor – *sob o império* parcial ou total do SUPEREGO de Bion, líder da organização narcísica – padrinho da máfia – no sentido de H. Rosenfeld e J. Steiner – *do qual* lhe será difícil imergir para fazer em face à dor e à angústia que o ameaçam.

Frequentemente, a experiência vivida das oscilações interrogativo-desintegradoras da instituição juntam-se à flexibilidade de dispositivos de nepotismo, que *ameaçam* o poder e a eficácia da organização narcísica de pacientes borderline, que, pelo risco do reaparecimento da pulsão infantil e a eclosão do trabalho com o negativo, isto é, a elaboração da defesa dos efeitos desestruturantes da pulsão de morte, conduzirá esses doentes, sobretudo, os do tipo IV na classificação de H. Rosenfeld da pulsão, à retomada do tratamento individual dentro e, frequentemente, de fora da instituição, porque a língua não fala mais, não evoca mais e não tem outro objetivo senão excluir "o vestígio do traumatismo pela palavra", como sublinha A. Beetschens em seu trabalho sobre o desvio pela evidência.

Mas em longo prazo, frequentemente, em muito longo prazo, depois de muitas idas e vindas à instituição e repetições nos intervalos de uma psicoterapia ou de uma análise, sua elaboração, a rejeição da organização narcísica, sua aquisição por insights, as identificações introjetivas, ao mesmo tempo que a *reinserção socioprofissional estável*, vão estimulá-los a retomarem a cura analítica com um setting rigoroso, sem qualquer favoritismo.

É necessário aos cuidadores institucionais uma longa paciência com os momentos de desordem, de confusão, de desespero, de função alfa deficiente e a experiência da loucura comum para se obterem modestos resultados; estamos, agora, familiarizados com o fato de que, entre a primeira hospitalização e o início de uma cura clássica, uma década mais ou menos se passou para o paciente, como também para aqueles que o acompanharam e, às vezes, após duas ou três tentativas abortadas.

Mas esse cadinho de aprendizagem da experiência, por menos educativo que seja, merece algum tempo de reflexão:

> Pois o que parece, a priori, excluir qualquer esperança de processo analítico dos dispositivos patronais, de favoritismo, mostra-se operante nesta direção, após um longo, na verdade, um muito longo período, durante o qual os pacientes se esforçam por atacar todo relacionamento libidinal.

Algumas vezes, o STATUS QUO é necessário a um traumatismo precoce, até que sua "objetivação da verdade", "sua ruminação" pare de girar em círculos, para poder decolar na direção do desenvolvimento (Beetschens – J. Guillaumin).

Seria ao menos interessante saber em qual tipo de contrato o analista se engaja em tempo integral, quando se encarrega de tais pacientes, sobretudo, dos borderline tipo IV.

É verdade que ninguém está preso ao impossível quando há um sério impasse na cura, embora nem tudo se deva a um "repúdio" às representações conflitantes e a uma rápida expulsão dos afetos a ele associados, mas a um erro persistente do analista pela contraidentificação projetiva.

Também é VERDADE que o melhor é inimigo do bom, e que é preciso que o paciente tenha a liberdade, se posso assim dizer, de sua organização narcísica de proteção, porque a dor psíquica pode ser insuportável com seu abandono (Betty Joseph).

Mas devemos ATRIBUIR às instituições psicoterapêuticas o único papel de depósito do IMPREVISTO, sem acreditar que elas são os locais de *acompanhamento* para o desenvolvimento do insight dos doentes.

Se todo mundo está de acordo... em dar tempo..., a fim de que aconteça o renascimento pulsional infantil... seria triste ouvir de novo "o que não é mais para mim" ... o analista "não é para você", instituição, enquanto, após mais de 20 anos de experiência institucional, estamos convencidos de que *a flexibilidade programada* do setting analítico, por 10 a 15 anos, com hospitalizações descontínuas, que *depende* a evolução, frequentemente, *favorável* de alguns pacientes borderline.

A SINERGIA analista-instituição parece-nos perfeitamente conveniente. O resultado pode estar nesse preço.

Conclusão

Para finalizar, desejo ressaltar duas observações que os senhores nos fizeram, após 20 anos de aprendizagem institucional, e abrir para a discussão das perspectivas ecológicas e sociológicas da instituição psicoterapêutica, em continuidade com o pensamento de Bion:

1. as condições incapacitantes para a cura analítica podem romper-se, em longo prazo, sob a rocha do nepotismo institucional; os pacientes recuperando, após 10 a 15 anos de hospitalização descontínua, seu EGO SADIO apagado ou projetado;
2. a instituição psicoterapêutica é um lugar que pode transmitir o ressentimento inflexível secundário aos traumas vitais ou narcísicos dos pacientes – como se estes não pudessem aderir à elaboração dos significantes linguísticos e, especialmente, formais, para que aconteça um trabalho de figuração –, senão depois de nos sujeitar, por muitos anos, a perturbações contratransferenciais de não representação, muitas vezes insuportáveis, por um longo prazo, na cooperação instituição psicoterapêutica-análise.

Mas todas as nossas observações nos conduziram a distinguirmos na instituição psicoterapêutica perspectivas ecológicas e sociológicas bem atuais.

Com efeito, na época em que nos preocupamos em sensibilizar os indivíduos para a camada de ozônio, o efeito estufa etc., não é urgente, na medida de nossas limitações, preocuparmo-nos com outros obscurantismos, como o da resposta sistemática à angústia dos pacientes com a quimioterapia... com a medicação imediata, diminuindo a oportunidade de o doente escolher uma terapêutica posteriormente esclarecida.

No momento em que se discute obter curas analíticas cobertas pela saúde pública (seguro social),[4] não podemos tentar administrar os problemas disputando pagamentos de terceiros para analistas de adultos no decorrer da cura.

Mas, neste momento, é necessário discutir com os seguros de saúde/doença para que os pacientes, na primoinvasão depressiva, psicótica ou de descompensação neurótica, tenham suporte por 1 mês – 3 meses ou alguns anos em hospitalização descontínua – para uma sensibilização "de seu crepúsculo" e do desenvolvimento de seu insight sobre grupos numerosos e pequenos em dias alternados, de acordo com suas escolhas na hora de deixar a instituição, sujeitos a uma análise, uma psicoterapia, uma inclusão socioprofissional com um mínimo de adesão, enfim, a uma hospitalização por algumas semanas a cada ano, durante alguns anos.

Essa atitude de preparação antes da cura – ou de sensibilização ao despertar do pensamento no período de crise – compreende dupla vantagem: a de não perder a identidade de analista; e a de mostrar ao paciente como eles pensam (W. Bion), dando, assim, a chance de uma decisão pessoal sobre a cura analítica àqueles que não tivessem percebido a oportunidade por causa da medicação imediata.

Na Chavannerie, o número de pacientes que tentam a cura analítica sem qualquer favoritismo cresce com o passar dos anos e de nossa experiência – muitas vezes, 10 ou 15 anos depois de sua primeira estadia com ou sem avanço profissional – isto é, que os problemas pecuniários para a cura não são redutíveis à crise econômica mundial, como gostaríamos de acreditar, mas sempre os concebemos do ponto de vista analítico.

O favoritismo é e deve permanecer na instituição psicoterapêutica e nunca para a cura – é, ao menos, minha opinião.

---

4 Parêntesis inserido pela tradutora (N.T.).

7. Bion e alguns ausentes

Introdução

Se as "pesquisas sobre os pequenos grupos" situam-se na junção do trabalho não psicanalítico e do trabalho analítico de Bion, uma terceira leitura é possível depois, que não exclua as precedentes. Ela permite recuperar as transformações que o pensamento obteve. A partir da experiência prática e necessariamente emocional, constroem-se de forma progressiva um sistema hipotético dedutivo e suas regras de funcionamento. Percebemos bem como enfrentar o problema prático imediato; a resposta organiza-se, primeiro, pela atenção dirigida às suas próprias reações,[1] combinada com a observação dos fenômenos grupais e, depois, por uma interpretação coerente e compatível com as hipóteses de base da teoria freudiana.

À medida que evolui, Bion toma seu lugar no mundo psicanalítico. Ele se torna um membro importante do *establishment*, médico diretor da Tavistock Clinic, presidente da Sociedade Britânica

1 Às reações dos indivíduos que participam da experiência emocional (N.T.).

de Psicanálise. Ele é solicitado constantemente. O *establishment* do qual faz parte, mas que ele odeia, observa-o.

Ao mesmo tempo, na cafeteria do hospital, ele encontra Francesca, a que será sua segunda esposa. É amor à primeira vista; esta será uma maravilhosa história de amor e de cumplicidade intelectual em todos os momentos.

Se pensar é criar laços, estes aqui podem e devem estabelecer-se entre as experiências sensoriais e emocionais, aparentemente diferentes e distantes. Perder essa capacidade é encolher sua capacidade de pensar, como nos mecanismos, tão reveladores, que atuam nas psicoses. Porque Bion, em seguida aos kleinianos, concedeu sua atenção particular ao processo psíquico e às pessoas que sofrem dele.

Bion e alguns ausentes

Pierre Geissmann

Escolhi evocar esse autor por meio dos ausentes, um processo que ele provavelmente não teria negado. São fantasmas que ficaram ausentes por completo, ou quase, das várias apresentações. Quero falar de Wittgenstein, de Melanie Klein, de Meltzer e dos doentes psicóticos.

I

É provável que Bion, cuja grande cultura nos foi mostrada, tenha sido influenciado por filósofos como Wittgenstein, este vienense emigrado – como outros – para a Grã-Bretanha. A própria forma de várias obras, e notadamente os *Elementos de Psicanálise*, mostra esse parentesco que, entretanto, não é explícito nos seus textos psicanalíticos. Talvez fosse o caso de estar em suas memórias. Essa forma é a do *Tractatus Logico-Philosophicus*, composto por aforismos numerados de modo a mostrar a hierarquia lógica entre as proposições. Christiane Chauviré destaca, a esse respeito, que esse rigor tinha como modelo o sistema de numeração utilizado por Russell em seus *Principia Mathematica* (n1 é um comentário de n2, e assim por diante). Essa inspiração respeita também o conteúdo da obra, que algumas citações de Wittgenstein testemunham: "O indizível... forma, talvez, a tela de fundo, na qual o que eu posso exprimir deve receber um significado" (*Notas misturadas*).

"Podemos dizer que a realidade consiste na existência e na não existência respectiva de todos os estados de coisas possíveis" (*Tractatus 2.06*).

"Os objetos são simples. Cada enunciado sobre os complexos pode resolver-se em um enunciado sobre as suas partes constitutivas e em tais proposições que descrevem integralmente os complexos. Os objetos formam a substância do mundo. É por isso que eles não podem ser compostos" (*Tractatus 2.02-2.012*).

"O que eu, antigamente, chamei objetos, os simples eram, simplesmente, aqueles aos quais eu podia me referir, sem ter medo de que talvez não existissem" (*Remarques philosophiques*).

"Nada é... mais importante do que a elaboração de conceitos fictícios, que só nos ensinam a compreender os nossos" (*Notas misturadas*).

O estilo de Wittgenstein deve, igualmente, fazer parte das fontes de Bion. Temos sua célebre frase: "*Parece-me que* uma frase só pode ser compreendida se a lemos no *tempo desejado*. Todas as minhas frases são para ser lidas lentamente".

Aqui se apresenta não somente o estilo, é claro, mas, também, certa forma de humor.

Eu quis citar esse filósofo porque se trata de um contemporâneo, cuja forma original de pensamento influenciou, à época, certo número de pensadores.

Mas é claro que a formação filosófica de Bion parece ter sido bem extensa, e as referências explícitas, especialmente, ao pensamento de Kant, são numerosas em sua obra. O *Tractatus* "veio" da Guerra de 1914-1918.

Muitos homens desta geração viveram os horrores dessa Guerra e ficaram marcados por ela. As senhoras Bion e Barrau nos lembraram em suas primeiras ideias biográficas. Lendo Bion, percebemos sua imensa sensibilidade, o que me faz pensar que os fantasmas dessa Guerra permaneceram nele como cicatrizes. Talvez, não só como cicatrizes, isto é, letra morta, lembranças congeladas, mas como um dos núcleos rígidos da personalidade, mesmo que se trate de uma espécie de lembrança – cobertura – traumática, evocando outras catástrofes mais antigas de sua história pessoal (entre outras, a que foi nomeada por Barrau sobre o urro da tigresa), certas onomatopeias de suas lembranças infantis, cujas características, do significante paterno, parecem-me, entretanto, menos evidentes do que o que teria sido dito. Da mesma forma que Bettelheim utiliza a experiência do campo de concentração para inventar seu conceito de situação extrema, parece-me que Bion utiliza, de certa maneira, essa experiência em suas elaborações, não só que concerne – eventualmente – à *mudança catastrófica*, mas também ao universo de terror, que é suscetível a submergir o ser humano, desde que a função alfa não possa socorrê-lo e que nenhum ambiente possa fornecê-la e talvez, mesmo, retorne-o aos elementos de um "terror sem nome".

II

A última grande ausência nos trabalhos desta jornada parece-me ser a de Melanie Klein. Mesmo que o nome dessa pioneira tenha sido várias vezes, acidentalmente, pronunciado por diferentes interlocutores, não foi especificado seu papel em relação ao desenvolvimento do pensamento de Bion.

Em primeiro lugar, o primeiro trabalho clínico de Bion, "Pesquisas sobre os pequenos grupos", do qual nos falou a senhora Avron esta manhã, representa o testemunho do Bion pré-psicanalítico e coloca-nos em presença de importantes descobertas: um estudo atento da teorização bioniana sobre os grupos mostra que os conceitos propostos são mutatis mutandis e, de certa maneira, superpostos a certo número de teorizações kleinianas. E é bem provável que não seja difícil afirmar que, na ausência de documentos, emanando do próprio Bion – eles devem existir, e podemos esperar que, proximamente, estarão disponíveis –, e que uma das motivações de Bion para fazer análise, exatamente com Melanie Klein, reside na semelhança dessas teorizações. Além disso, na parte "retrospectiva" desta obra, escrita vários anos depois, Bion (1965, p.129) indica:

> *Eu penso que, na dinâmica dos grupos, o lugar principal é ocupado pelos mecanismos mais primitivos, como os descritos por Melanie Klein...*

No seu prefácio, ele indica:

> *"O trabalho que preparo atualmente (...) convenceu-me da importância fundamental das teorias kleinianas sobre a identificação projetiva e a relação entre a posição esquizoparanoide e a posição depressiva.*

De qualquer maneira, Bion (1965, p. 29) confere um valor bem particular a essa homologia entre os fenômenos constatados no indivíduo e os constatados no grupo. E indica:

> *Enquanto psicanalista, sou vivamente tocado pelo fato de que o tratamento psicanalítico do indivíduo e a análise de grupo, como descrito nas páginas que se seguem, enfrentam aspectos diferentes do mesmo fenômeno. A combinação de dois métodos fornece ao médico algo como os rendimentos de uma visão binocular (p. VII).*

Em segundo lugar, há, precisamente, a psicanálise com Melanie Klein. Quando faz alusão à sua psicanálise, ainda que, no que diz respeito à experiência que teve com John Rickman, Bion a descreva com uma "colaboração" com ele.

É verdade que, no fim da vida, ele chegou a falar dessa psicanálise como uma experiência que, antes de tudo, era preciso esquecer, mas parece-me que, para Bion, isso se tratava de uma apreciação geral sustentada para toda a psicanálise, enquanto, caso contrário, toda a sua obra mostra a que ponto esse trabalho com Melanie Klein, exatamente, havia-lhe sido precioso, e para sua concepção de trabalho científico, sem mesmo falar, na verdade, de sua vida pessoal.

Em terceiro lugar, não me parece possível negar que Bion seja um psicanalista kleiniano, não importa a opinião que possamos ter de Melanie Klein, de sua escola de pensamento e de suas teorizações. Os autores que negam isso desenvolvem vários tipos de argumentos baseados na prática de Bion, no fim de sua vida, sobre certas analogias formais (e longínquas) com a obra de Lacan, e sobre sua prodigiosa capacidade de teorização.

É verdade que, apesar de sua imensa contribuição teórica para a psicanálise, Melanie Klein não tinha *espírito de sistema* que lhe permitisse ordenar todos os seus conceitos em um vasto conjunto. Ela também não teve tempo de extrair todas as consequências de suas descobertas; Bion foi, assim, precisamente, daqueles que continuaram sua obra.

Também é verdade que Bion formaliza melhor do que Melanie Klein a função, que numerosos psicanalistas franceses denominam "lacuna". Quero dizer a esse respeito que, seguindo uma das direções do pensamento de Lacan, poderíamos ver na não coisa (no-thing) o terceiro ausente da teoria lacaniana. Mas também poderíamos ver, nessa não coisa, a formulação abstrata e generalizada do não seio, fórmula que Bion especifica como "desafeição", o "seio mau" de Melanie Klein, que representa, precisamente, como todo mundo sabe, o seio ausente. Tal questão poderia, de qualquer maneira, ser o objeto de uma ou de muitas jornadas...

Parece que a filiação kleiniana de Bion traduz-se, na sua obra, como um processo geral de abstração, uma espécie de kleinianismo generalizado em relação ao que havia sido antes um "kleinianismo restrito".

Se tomarmos o exemplo da relação continente-conteúdo, é difícil esquecermo-nos de que ela é o resultado da generalização da teoria da identificação projetiva. Para Bion, em *Aux sources de l'expérience* (p.47),

> *(...) esta teoria postula que existe um fantasma onipresente, segundo o qual é possível separar as partes não desejadas, ainda que, às vezes, apreciadas da personalidade, e depositá-las em um objeto. Na prática, é possível, e mesmo desejável, para um tratamento benéfico,*

> *observar e interpretar os fatos que suportam esta teoria, e que esta explica melhor que qualquer outra.*

Ele afirma que: "Desta teoria – de identificação projetiva –, eu tiraria, para servir-me de modelo, a ideia de um continente no qual um objeto projetado, e a ideia de um modelo, que pode ser projetado no continente, objeto que nomearei com o termo 'conteúdo'" (p. 110). E ele acrescenta: "Faço, aqui, a hipótese de que a identificação projetiva é uma forma precoce do que mais tarde será chamada 'uma capacidade de pensamento'" (p. 54).

Acontece o mesmo com a teoria da alternância de posições esquizoparanoides e depressiva. Se, no início de sua obra, Melanie Klein delineava vários "estados", suas ideias evoluíram mais tarde para especificar os modelos de "posições" entre as quais oscilam o indivíduo, não tanto no seu desenvolvimento, mas no seu funcionamento psíquico inconsciente, no decorrer de sua existência e sem chegar jamais a ultrapassar a posição depressiva. Esse problema de alternância de posições esquizoparanoide e depressiva foi esquematizado por Bion em Éléments *de psychanalyse* (p. 11): P.S. ↔ D.[2] "Podemos considerar que ele representa aproximadamente: a) a reação entre o que Melanie Klein chamou as 'posições esquizoparanoide e depressiva', e b) a reação ativada pelo que Poincaré chamou 'a descoberta do fato escolhido'". Assinalei anteriormente o que Bion deve aos filósofos e aos matemáticos; aqui é sobre Poincaré; mas é em Melanie Klein que ele se apoia, de maneira explícita, originalmente em sua abstração P.S. ↔ D.

Podemos, assim, passar em revista uma grande parte dos objetos psicanalíticos descritos por Bion. Podemos lembrar que a conexão C, tão importante em sua teorização e colocada de forma

2 Símbolo utilizado por Bion para indicar esta alternância das posições esquizoparanoide e depressiva.

clara e lógica em relação às conexões A e H (C = conhecimento, A = amor, H = ódio), provém, em linha reta, do conceito kleiniano de inveja sádica. Detectada desde a tenra idade, apropria-se do conteúdo do corpo materno; é claro, esse conceito kleiniano é propriamente derivado (é preciso dizer, integrado, para se servir de outra formulação matemática?) do conceito freudiano de curiosidade sexual e do fantasma da cena primária. O mesmo acontece com os elementos beta que representam, de modo abstrato e generalizado, os ataques sádicos contra o seio, descritos por Melanie Klein. Encontraremos, a esse respeito, certo número de indicações em *Aux source de l'éxpérience*. Nós devemos supor que o bom seio e o mau seio são experiências emocionais. O composto físico – leite, o desconforto da saciedade ou o contrário dela – é imediatamente acessível aos sentidos, e podemos, portanto, conceder ao elemento beta uma prioridade cronológica sobre o elemento alfa... (Bion, 1979b p. 52).

> *"A teoria kleiniana, segundo a qual o recém-nascido sente que expeliu seu mau seio no seio – combinada com a teoria, segundo a qual a satisfação de uma necessidade pode ser ressentida como a expulsão de uma necessidade, sendo ela mesma o seio mau (para empregar um termo concreto), é tudo o que chamei elemento beta (para empregar uma abstração) – esta teoria representa o sentimento que tem o recém-nascido de que o seio atual é um objeto expelido e, por isso mesmo, não se distingue de um elemento beta" (p. 78). "Os ataques contra a função alfa, provocados pela repulsa ou pela inveja, destroem toda possibilidade de um contato consciente do paciente consigo mesmo ou com outro, enquanto objetos vivos" (Bion, 1979b, p. 27).*

Pensei ser necessário destacar aqui essa indubitável afiliação kleiniana de Bion. Dito isso, seguirei, contudo, André Green na observação que ele faz no seu prefácio aos *Entretiens psychanalytiques*, quando indica que a dívida de Bion para com Melanie Klein não o leva, até agora, a ser um conformista kleiniano.

III

O terceiro grande ausente nessa jornada foi Donald Meltzer. Esse autor, cujo pensamento se alimenta de Freud, Klein e Bion, seria útil, sem dúvida, nessa discussão. Maurice Despinoy e eu mesmo terminamos, recentemente, a tradução do terceiro tomo de sua obra, *O Desenvolvimento Kleiniano*, intitulado *Significado clínico da obra de Bion*. Penso, portanto, que o público francófono logo poderá conhecê-lo. A fim de dar a palavra a Donald Meltzer, eu queria citar duas passagens dessa obra.

Na primeira citação, quero mostrar como a consideração de diferentes vértices pode permitir conclusões aparentemente diferentes, considerando aqui os desenvolvimentos patológicos:

> Freud diz que se não temos boas relações sexuais, desenvolveremos sintomas desagradáveis; a Sra. Klein diz que se não recebermos amor, vamos nos desenvolver inadequadamente (um raquitismo mental), Bion diz que se não assimilarmos nossas experiências, vamos envenenar e destruir nosso psiquismo (Meltzer, 1978) (cit.)

A segunda citação diz respeito a três espécies de resistência específica, para Bion, a ironia, a esquiva e a resistência do establishment. Eis o que nos diz Donald Meltzer (1978, parte III):

> *Em obras anteriores, o projeto de demolição dava lugar, sobretudo, a uma impressão de abatimento por causa de um sentimento inferiormente intelectual na execução de um enorme equipamento de linguagem, signos e símbolos. Está claro que a casa de nossa inteligência havia sido construída, na melhor das hipóteses, com pequenos galhos, e que o lobo Bion estava à porta. Mas, de fato, tudo parecia estar bem: o processo alfa não nos machucou, a grade parecia totalmente inofensiva, o recipiente e o conteúdo pareciam quase familiares. Começamos, mesmo, a nos sentir um pouco como o lobo que poderia assoprar: Auf! e Pouf! Nos projetos de pequenos galhos do outro. Assim, se pudermos suportar nossa irritação e insistir, apesar de nossa vaidade ferida, o resultado seria, totalmente, agradável. É claro que não tínhamos planos de jogar à noite com jogos psicanalíticos, em vez de assistir à televisão; nenhuma vantagem, nossa compreensão e interpretação do material de nossos pacientes não se modificaram sensivelmente. Nosso sentimento interno de ser diferente não podia ser comprovado a partir da observação de sentimentos ou de comportamentos; entretanto, sabíamos que não havia escolha, ou estávamos com eles – bionianos – ou contra eles – menos bionianos. Seu pensamento era qualquer coisa com o que contar.*

Contudo, no final de *Transformações*, começou a ocorrer o deslizamento (em vértex e em linguagem) do matemático ao religioso. Atualmente, *A Atenção e a Interpretação*, uma nova exigência e mais difícil, apresenta-se ao leitor. Pedimos que ele abandone a obra de dois séculos, não de cinco séculos de liberdade do espírito humano, de escravidão pela religião e pelo misticismo. A

Renascença, a Reforma, o Século das Luzes, os triunfos do método científico – tudo isso pede-nos para jogá-los ao mar. Nossa memória cuidadosamente exercida, nosso desejo, mais que cristão, de ajudar nossos semelhantes sofredores, nossa capacidade de compreensão, tão disciplinada – tudo isso constitui uma escravidão ao domínio do sensual. Se nos apegarmos a esse mundo vulgarmente sensual, jamais seremos capazes de desfrutar de alucinações e, por consequência, de compreender o paciente que desfruta de transformações em alucinose.

E "cegando-nos artificialmente, tornamo-nos capazes de perfurar a luz com feixe de trevas, e não ver o mundo não real das não coisas".

Chamemos isso de "primeiro ciclo", ilustração da resistência às exigências de Bion para conosco, por meio da ironia. O segundo ciclo será denominado a "técnica da borracha", a esquiva diante de um soco: "Mas na realidade, Bion não diz nada diferente do que Freud já disse". Nada disso implica que eu faça qualquer coisa diferente do que já faço habitualmente. Não tomo mais notas porque compreendo que minha lembrança inconsciente do material do paciente e de sua ordenação, igualmente inconsciente, funciona em um nível mais profundo do que meus esforços conscientes. Há muito tempo que abandonei qualquer desejo de curar meus pacientes porque vejo claramente que só o método psicanalítico reorganizaria as defesas do paciente e reforçaria seu senso de realidade. Da mesma forma, a experiência emocional, que se constitui na essência do método, depende mais da realidade da pessoa do analista do que de sua compreensão intelectual, como pensava Freud. Notei, como Bion, que durmo nessa ocasião e que acordo com uma sensação bem penosa, mas isso é devido à profundidade do contato com o inconsciente de meu paciente. Finalmente, os pacientes capazes de desenvolver a fé na verdade e na humanidade do método analítico e, particularmente, em seu analista, saem-se bem; e aqueles que não podem, abandonam. Dessa maneira, estou fundamentalmente de acordo com Wilfred, mas acho que sua maneira de escrever é entediante.

Terceiro ciclo: o caçador de bruxas do establishment científico:

> *Sob a máscara do rigor científico e da pressão linguística, Bion tenta, visivelmente, destruir um edifício teórico e técnico que foi construído por pesquisadores devotados durante quase um século. Nos primeiros trabalhos de Bion, com os quais tenho profunda simpatia, ele havia empreendido uma operação de aproximação entre os modos matemáticos de pensamento e a teoria psicanalítica da personalidade, que poderia dar origem a uma disciplina suscetível de ser ensinada, o que poderia fortificar o estudante contra os riscos de ser treinado a agir por contratransferência, provocada por pacientes muito perturbados. Isso seria, potencialmente, de grande utilidade se tivesse sido bem-sucedido, porque se sabe bem que a análise didática de nossos candidatos, tão cuidadosamente selecionados, não lhes dá uma experiência comparável à do divã. No entanto, caso contrário, sabemos igualmente, cada vez mais, que nossos consultórios estão repletos de borderline, depois que a liberação da moralidade sexual, provocada pela psicanálise, diminuiu consideravelmente, a superioridade das neuroses com o tratamento que aquele método havia inventado. Já era perturbador encontrar, nas primeiras obras, referências ao "infinito", ao mestre Eckhart, e ao "vértice religioso", mas, no momento, ele parece ter-se deixado levar, quase que totalmente, por uma idealização da confusão. Além disso, ele agora*

> *está mais velho, e sua tão falada nova Memória do futuro é completamente insensata, e eu não quero dizer isto no sentido que lhe dá Kierkegaard, ainda que tenha alguma semelhança com as divagações deste louco.*
>
> *Então, tendo descartadas estas três partes de nós mesmos, o zombador, o homem-borracha, e o futuro presidente da Sociedade, podemos nos meter a tentar compreender o que Bion quer dizer...*

IV

O quarto grande ausente nesta reunião são o doente psicótico e o que ele pode nos ensinar. Eu queria, agora e para concluir, citar alguns trechos de um trabalho de teorização, em andamento, sobre a psicanálise de crianças psicóticas. O leitor poderá encontrar uma exposição mais completa no artigo assinado por mim e Claudine Geissmann, "Crescimento de um pensamento", no *Journal de la psychanalyse de l'enfant*, nº 5.

Considerarei aqui psicanálise da criança psicótica, do ponto de vista (vértice) do desenvolvimento do pensamento, na pesquisa do conhecimento (C), deixando, então, de lado, outros numerosos pontos de vista possíveis (as interpretações, o meio, a dinâmica da cura, a transferência etc.). Neste estudo, colocamos como hipótese de trabalho o princípio do caráter "funcional" e o princípio da reversibilidade de distúrbios da comunicação, de ordem psicótica, isto é, em oposição à hipótese de capacidade de acesso à linguagem. Parece-nos pertinente fazer referência aos estudos de Bion sobre os pequenos grupos, na medida em que podemos considerar a criança e a mãe, e a criança e seu psicanalista como grupos de duas pessoas.

Desde o início de sua obra, Bion interessou-se pela formação do símbolo e do pensamento. No prefácio da obra *Pesquisas sobre os pequenos grupos* (R.P.G.), ele justifica essa abordagem, de maneira pertinente, pela sua teoria da visão binocular: "A cura psicanalítica do indivíduo e a análise do grupo enfrentam aspectos diferentes do mesmo fenômeno". Com efeito, sempre nos pareceu que, se encontramos fenômenos semelhantes, ou homólogos, em situações diferentes, esses fenômenos tomavam uma dimensão superior por causa de seu valor de demonstração. Nessa obra, Bion estuda, por exemplo, o desenvolvimento da linguagem em um grupo; somente o grupo de trabalho[3] poderá propor trocas verbais, e "quanto mais o grupo corresponde à hipótese de base,[4] menos é racional nas suas comunicações verbais".

Como já foi dito, por ocasião da reunião desta manhã, poderemos levar em conta a desvantagem da natureza inconsciente da "basic assumptions" e traduzir por pressuposto, como propôs a Sra. Havelka ou, ainda, por prevenção – na verdade, pressentimento.

"As palavras só são um meio de comunicar sons" (Bion, 1965, p. 128). O autor, ao considerar que a linguagem do grupo de base não é "primária", mas "desvalorizada", coloca essa carência de linguagem verbal em relação com uma perda da capacidade de formar símbolos, no sentido em que Melanie Klein compreendia no seu artigo de 1930. É desde essa época que Bion cita o mito da

---

3 G. T.: grupo "racional" de pessoas reunidas para cooperar com um trabalho dado, bem estruturado, consciente, reconhecendo a validade da aprendizagem pela experiência e contendo, em geral, as regras de procedimento (mecanismos administrativos...).

4 A hipótese de base (H.B., ou *basic assumption*) constitui, dentro de uma mentalidade grupal, um conjunto emocional violento, elaborado a um nível protomental, H.B., permanece inconsciente nos grupos e pode ser compreendido, bem aproximadamente, como uma espécie equivalente de um fantasma inconsciente por um indivíduo.

construção da Torre de Babel, que representa, para ele, a história do desenvolvimento da linguagem em um grupo que domina a hipótese dependência[5] quando se sente ameaçado pela invasão da hipótese de base acoplamento.[6] Esse mito de que os indivíduos perdem a capacidade de comunicar-se entre si e desmembram-se em fragmentos como se centrifugados parece-nos um dos polos de referência, quando se trata da psicanálise das psicoses, como o é o mito de Édipo para a análise das neuroses.

Poderíamos consagrar longos desenvolvimentos à perda da capacidade de simbolização ligada à regressão a um funcionamento em equações simbólicas incomunicáveis na psicose, em geral, e, particularmente, na psicose no adolescente e no adulto, e, a mais comum, a esquizofrenia. Mas na psicose infantil, tenho a impressão de que não se trata de uma perda. Sua capacidade de simbolização jamais se produz e representa um componente importante de seu mutismo. Quando ela fala, os sons empregados só têm o valor de uma frágil comunicação. Por outro lado, no grupo tenaz, que a criança psicótica constitui com sua mãe, mostramos o quanto as palavras eram inúteis (C. e P. Geissmann, *L'Enfant in psychose*, 1993). Cada um dos protagonistas "sabe" o que o outro pensa. É um grupo a dois no qual a hipótese de base acoplamento prevalece e contribui para a formação, neste caso, do complexo de Édipo primitivo. É juntas que a criança – menina ou menino, não importa – e a mãe fazem nascer um objeto salvador, autista. Nenhuma simbolização é necessária à criança para que a linguagem permaneça

5 Hipótese de base dependência: H.D., cujo conteúdo é "a crença que existe em um objeto externo cuja função é manter a segurança de um objeto imaturo".

6 Hipótese de base acoplamento: H.B., cujo conteúdo é a crença por meio da qual um acontecimento futuro ou um ser não ainda nascido resolva os problemas e as necessidades atuais de um casal, muitas vezes, presente no grupo, cujo "messias" será a criança.

uma letra morta. Será que, até agora, como se pode dizer, trata-se de uma incapacidade de acesso à linguagem? É claro que não.

A experiência do grupo de base mostra aqui que a ausência de simbolização é "funcional" e situa-se no grupo, e não nas pessoas que o compõem, que reconhecem sua linguagem – e seu pensamento – depois da saída provisória ou definitiva do grupo. A ausência de linguagem no grupo é, portanto, "curável" com a condição de uma intervenção psicanalítica interpretativa adequada, como podemos observar no trabalho com os grupos. Nos grupos formados por uma criança e seu psicanalista, podemos observar, da mesma forma, produzir-se uma linguagem que se desembaraça pouco a pouco de equações simbólicas e atingem a possibilidade de simbolização. É aí também que o trabalho psicanalítico interpretativo permite esse avanço.

Acrescentemos, de passagem, que os grupos profissionais que funcionam no ambiente de trabalho com crianças psicóticas assumem, com muita frequência, os custos desse funcionamento em hipóteses de base e relacionam-se alternativamente com a dependência, o acoplamento e o ataque-fuga.[7] A esperança messiânica do mito da Torre de Babel, em que cada um dos cuidadores e dos terapeutas fixa-se na construção dessa torre, que alcançará os céus, se o satisfaz, ele se "torna uma violação do código da hipótese de base acoplamento, e o grupo dissolve-se em ruptura" (Bion, 1965, p. 129).

Um desenvolvimento importante da noção de pulsão epistemofílica foi operado por Bion no decorrer de seu trabalho, especialmente, no artigo "Uma teoria da atividade do pensamento" (*Reflexion faite*, 1962). Nossa leitura deste texto é a seguinte: os

7 Hipótese de base ataque-fuga: H.D., cujo conteúdo é a crença do grupo de que existe um inimigo (externo ou interno) e que não tem solução senão entre ataque e fuga.

pensamentos desenvolvem-se cronologicamente sob a forma de preconceitos, de concepções e, enfim, de conceitos (1962. p. 126). A concepção, ou pensamentos, é produzida pela conjunção de um preconceito e de uma transformação. O preconceito é o equivalente do modelo kantiano de "pensamentos vazios". No entanto, o pensamento, propriamente dito, "situa-se na união de um preconceito com a ausência de transformação, isto é, uma frustração". O nascimento do pensamento dependerá da tolerância a essa *frustração*. Quando "a espera pelo seio" une-se à transformação da ausência do seio,[8] essa união se é sentida como um não seio ou seio "ausente" internamente (p. 127). Se a capacidade de tolerância à frustração é satisfeita, esse "não seio interno" torna-se pensamento. Esses são os pensamentos propriamente ditos, que se desenvolvem e vão requerer um "aparelho de pensar" para enfrentar esse desenvolvimento. Esse aparelho de pensar os pensamentos é muito complexo e compreende a atividade do pensamento, a identificação projetiva patológica, a onisciência e a comunicação (p. 133). Se, em seguida a uma intolerância à frustração, o pensamento não se desenvolve, o não seio torna-se um objeto mau; o desenvolvimento do aparelho de pensar é perturbado e produz uma hipertrofia do aparelho de identificação projetiva (p. 128), que dá origem às identificações projetivas patológicas.

A pulsão epistemofílica em Bion torna-se um componente essencial do aparelho primitivo do recém-nascido, e a sede de conhecimento é colocada na mesma posição que o amor e o ódio, cujo papel fundamental Melanie Klein enfatizou. Colocando-se no nível dos vínculos entre os objetos, Bion, então, descreveu os três vínculos fundamentais A, H e C (amor, ódio e conhecimento). O vínculo C, na perspectiva de sua pesquisa sobre os processos de

8 Essa ausência de realização pode ser denominada igualmente não realização ou realização negativa.

conhecimento, interessa-nos especialmente; ele supõe que o sofrimento psíquico e a intolerância a essa dor podem liderar os mecanismos de fuga patológica, específicos da psicose. É a instauração de C (a ignorância) que privilegiará a "mentira", veneno do pensamento que impedirá todo o crescimento da personalidade.

Para Donald Meltzer (1978, p. 3), Bion quer dizer que "a dor psíquica, a essa altura, acontece com o crescimento do pensamento, em que se fixa em um sonho-mito". Vimos como o mito de Babel desemboca em uma impossibilidade de pensar e de comunicar seu pensamento. Outros mitos fundamentais da história da humanidade atestam a importância do saber e da dor correspondente. No mito de Édipo, é a figura da Esfinge, mas, também, o excesso (*hubris)* de Édipo na sua investigação. No jardim do Éden, é proibido comer da árvore do conhecimento do bem e do mal, mas os dois primeiros seres humanos estão possuídos pela necessidade de saber – antes da necessidade sexual –; a aquisição do conhecimento é imediatamente punida com o exílio e o sofrimento – o trabalho e o parto. Em relação a isso, Bion destaca que, nos três mitos considerados, o conhecimento e o prazer sexual são um dos aspectos predominantes da pesquisa e do proibido. "O mito particular", diz Bion (1974, p. 67), "desempenha um papel importante no esforço do paciente para tirar proveito da experiência, análogo ao papel desempenhado pelos mitos públicos (...) no desenvolvimento dos grupos". O mito particular desintegra-se, seus componentes se dispersam especialmente nos psicóticos, que

> *(...) atacam seu objeto com uma violência tal que não é somente o objeto que parece desintegrar-se, mas a própria personalidade que conduz o ataque (...). O analista que deseja aclarar os fragmentos do aparelho de aprendizagem do paciente deve, para reconhecê-los,*

> *observar os fragmentos isolados do mito de Édipo (e dos mitos aos quais eu os associei) (Bion, 1974, p. 67).*

Nessa teorização, a pulsão epistemofílica, cujo funcionamento é indispensável ao crescimento da personalidade, deve poder tolerar o sofrimento que está ligado a ela: se a criança psicótica, por razões ligadas à sua relação com seus primeiros objetos ou por outras razões, não pode tolerá-lo, ela pode fugir dessa dor, mas ao preço da renúncia ao pensamento, o que desencadeia uma gravíssima perturbação de sua atividade de pensar, isto é, o caráter patológico de suas identificações projetivas e um funcionamento posterior em – C.

Enfim, a elaboração da contratransferência e a localização das identificações projetivas patológicas constituem outro ponto de fixação de nosso trabalho.

A contratransferência é um *insight* suficiente; caso contrário, não haverá lugar para o pensamento.

Toda a nossa agilidade de pensamento, entre as partes conscientes e inconscientes do ego, as partes psicóticas e não psicóticas da personalidade, é solicitada a restituir-nos a um nível em que possamos permanecer analistas. Como reconhecer o que é inconsciente em nós mesmos? A propósito da identificação nos grupos, Bion (1965, p. 101) indica, por exemplo: ela produz

> *uma perda momentânea do insight, isto é, o sentimento de experimentar sentimentos violentos e, ao mesmo tempo, a convicção de que estes são perfeitamente justificados pela situação objetiva, e não necessariamente qualquer explicação causal mais profunda (...). Eu penso que a aptidão para desembaraçar-se do sentimento*

> *paralisante da realidade (...) é a primeira condição requerida para o analista de um grupo (...).*

Nós pensamos que isso é igualmente verdadeiro na psicanálise individual, e os sinais mais frequentes que podem nos alertar quanto a esse fato situam-se nesse registro. Para D. Meltzer (1984, p. 2), "o analista deve estar de acordo em submeter-se ao processo do seu inconsciente", ele deve "(...) observar e esperar receber algumas informações mais profundas com relação ao significado emocional da situação (...). Esta é a contratransferência".

Quando a identificação projetiva patológica torna-se muito violenta e toma a forma de um acting-in, como no caso relatado no artigo citado, o material do golpe levado por Félicie ao seu analista, a dificuldade de elaboração da contratransferência é muito grande, porque é atingida a própria possibilidade de pensar. No caso de Félicie, a elaboração – que pôde acontecer em seguida – mostrou a conveniência entre a impossibilidade de pensar do analista e o conteúdo próprio da identificação projetiva intrusiva patológica: é melhor impedir (de ter) os pensamentos do que os golpes na cabeça. A recusa violenta da pulsão epistemofílica (– C) não seria "entendida" senão na contratransferência.

Eu desejo dedicar este trabalho a Bion, pelo seu 10º aniversário de falecimento.

8. Novas ideias, novas teorias e mudança catastrófica

Introdução

A associação de Bion ao grupo kleiniano, que era dominante, apesar dos conflitos que opunham Melanie Klein e Anna Freud, não impediu a reação contra os efeitos terroristas do discurso estereotipado em uso. Sua experiência psiquiátrica com grupos e, em especial, com a massa – que poderíamos nomear "flocos" ou "coagulação" – do pensamento do grupo; a experiência com psicóticos e com a desestruturação do seu pensamento – e da nova estrutura que pressupõe a cura – são a origem clínica de suas reflexões posteriores sobre o funcionamento geral do "pensamento".

Isso pode parecer expandir, consideravelmente, o objeto da psicanálise, que é, de forma bem explícita, o funcionamento de uma instância chamada "inconsciente". Mas acontece que essa estância tem por função principal produzir e modificar as manifestações comportamentais ou verbais. Essas manifestações comportam implicitamente um nível de programação, de evocação e de aptidão psíquica: o que é um domínio do pensamento.

Esse pensamento nasce de um amálgama, da associação de elementos isolados, que, de alguma maneira, são átomos psíquicos. Esses átomos de pensamento mudam de natureza assim que são reunidos, porque, desde este instante, por uma característica própria ao espírito humano, tornam-se acessíveis ao pensador. Antes, eles não existiam nem sensorial nem perceptivelmente. Só podemos supor sua existência como necessária e preliminar a qualquer pensamento. Esses átomos são elementos alfa, desde que perceptíveis, e tornam-se ou retornam como elementos beta assim que são liberados.

Em si mesmos, os elementos, sob a forma alfa ou beta, raramente têm interesse próprio.

Não isolamos nunca um elemento alfa e, forçosamente, não supomos jamais a existência de um único elemento beta isolado, mas eles são úteis quando indicam a presença de "forças de ligação" e, portanto, de possibilidades ou de riscos de dissolução. Suas leis de funcionamento não interessam a um ou outro elemento individualizado. Essas são leis estatísticas e probabilísticas, e só são empregadas, portanto, para um grande número de elementos.

Essas forças de ligação são as da função alfa. É a partir de sua existência que o indivíduo pode progressivamente se colocar em posição de poder pensar e, depois, elaborar pensamentos.

Os vínculos de que Bion fala são evidentemente os vínculos complexos, cuja parte emocional é preponderante e subjacente. O psicótico é muito capaz de estabelecer relações lógicas desprovidas de emoção: isso conduz ao delírio.

Os conglomerados de elementos beta flutuantes formam um acúmulo de elementos alfa, que se transformarão em pensamentos do sonho, sonhos e mitos, depois em preconceitos, que se tornam concepções e, depois, conceitos antes de se organizarem em um sistema científico-dedutivo, culminando (provisoriamente?) em cálculo algébrico. Essa "progressão" da construção do pensamento representa o eixo vertical da "grade".

A grade é, com certeza, uma das proposições de mais difíceis compreensão e utilização que Bion construiu. Às vezes, ouvimos um pouco sobre como integrar Bion aos grupos e à grade. Esta provoca uma série de associações sobre formulações abstratas e o uso excessivo da matemática na psicanálise, e isso, muitas vezes, é suficiente para amedrontar.

Toda grade é uma prisão, e Bion não me desmentirá. Sem dúvida, a grade sempre foi associada a seu nome e ela não é mais do que um esboço, é um balbucio.

Mas nem Bion nem outros teóricos da psicanálise, que quisermos reduzir a uma ideia e a uma fórmula falante, podem estar tão aprisionados.

Cada um, à sua maneira, elaborou uma obra com subterfúgios e indecisões. Cada um, à sua maneira, trouxe uma complexidade extra à teoria psicanalítica. Uma parte do seu trabalho comporta conceitos, doravante inevitáveis, mesmo que sejam suportes para interpretações divergentes, mesmo que possam integrar-se a modelos diferentes, não coerentes entre si.

Voltemos à grade. É um instrumento de trabalho destinado, depois da sessão, a facilitar a reflexão do psicanalista. Ela permite observar os movimentos, as transformações operadas durante a sessão ou uma série de sessões psicanalíticas.

Depois de uma sessão, o psicanalista dá um tempo a si mesmo para refletir sobre o que se passou, para retornar à sessão como em um segundo espelho. Para que isso se dê, é necessário desafiar o relato da sessão, exposição sempre deformada do que se passou.

Mas esse relato constantemente infiltrado pela história do paciente e pelas emoções do analista é dificilmente comunicável. Ele não permite comparar com facilidade duas curas entre si. Podemos tentar comparar as interpretações do psicanalista: a transferência paterna, a rejeição primária, por exemplo. Todas elas usam modelos utilizados por psicanalistas, de acordo com sua escola, seu idioma, seus tiques de linguagem.

Para além das escolas, das modas, dos idiomas, convém encontrar "invariantes" e dar-lhes redação tão pouco emocional que possível. Bion age dessa maneira nos *Éléments de psychanalyse*.

Essas anotações pouco afetivas conduzem a um caminho quase matemático: a grade é um exemplo disso. Mas em suas obras, por um lado, ele emprega também analogias algébricas, geométricas etc. Por outro lado, ele justifica, em uma entrevista brasileira, tanto o uso de analogias como de esboços de natureza científica.

A grade permite, portanto, observar as modificações que operam no pensamento do analisando e do analista durante a cura psicanalítica. Dessa maneira, a grade tem dupla finalidade: a de seguir e de compreender os movimentos psíquicos do paciente; e a de ser um método para exercitar o psicanalista na ginástica do espírito, indispensável ao desenvolvimento da intuição.

A grade obriga a respeitar dois pontos de vista diferentes ao mesmo tempo (eixo horizontal dos níveis de incidência e eixo vertical, que vai do elemento beta ao uso da matemática, passando pelos pensamentos do sonho e da concepção).

Essas modificações, de modo ideal, são progressivamente cada vez mais complexas e elaboradas.

Dessa forma, cada pensamento, a todo instante, retoma o "desenvolvimento" que segue o pensamento do recém-nascido – atormentado com a brutalidade dos elementos beta – ao contato com o pensamento elaborado, que transforma, associado à mãe, guia e modelo da criança (Winnicott) e portadora, vértice da "função alfa". É essa função que a criança interiorizará, e, portanto, servirá por toda a vida. Desse modo, o pensamento constrói-se a partir de "vínculos", mas nem todos os vínculos são equidistantes, ou melhor, há vários tipos de vínculo.

Temos o hábito, um pouco efêmero ou um pouco moralizante, de opor o amor ao ódio. Bion não os coloca sob o mesmo plano: o vínculo A, de amor não é o oposto do vínculo H, de ódio. Eles se desdobram independentemente um do outro. Além disso, um vínculo pode ser positivo (A+) ou negativo (A-), o que quer dizer amor negativo, menos amor.

Sobretudo, Bion acrescenta a esses dois vínculos essenciais um terceiro, também essencial. Esse acréscimo, em minha opinião, tem um duplo interesse.

Ele mostra a importância para o pensamento, de uma tripla dimensão, aquela que encontramos na triangulação edipiana. De qualquer maneira, o número três é, sem dúvida, o que menos conta; mas conta, sim, o fato de que há sempre mais de duas dimensões, isto é, sempre a presença de, ao menos, um terceiro sobre o qual as relações duais podem se projetar. Ele indica também que o homem é dirigido para outros sentimentos, todos os quais o induzem, provocando relações humanas, como o amor e o ódio. As coisas são mais complicadas. É preciso adicionar a isso, ao menos, o vínculo K (knowledge), vínculo de conhecimento, que vai muito além da pulsão radioscópica, mas que encontramos na origem de toda atitude de investigação. Sem dúvida, é o vínculo mais operante das curiosidades sexuais da criança. Às forças do vínculo, opõem-se as forças de dissolução.

Novas ideias, novas teorias e mudança catastrófica

José Luis Goyena

Há maneiras diferentes de considerar a mesma coisa – trata-se de uma espécie de diafragma, uma ruptura, a "impressionante ruptura do nascimento". Há uma quantidade impressionante de cortes que impregna o nascimento das ideias. E toda vez que alguém tem uma ideia nova - por exemplo, psicanalítica – ela se torna imediatamente uma barreira, alguma coisa que é difícil de penetrar. Em vez de ser liberta, ela fica detida. Do mesmo modo, quando procuramos formular uma ideia que poderia ser livre, formulamos já outra censura que corre o risco de tornar impenetrável aquela ideia.

Wilfred Bion (*Seminari italiani*)

Central no pensamento de Bion, o conceito de *mudança catastrófica* revelou-se ao mesmo tempo que Bion desenvolvia seus trabalhos e sua concepção da vida psíquica.

Os precursores desse conceito são encontrados, de qualquer maneira, já nas ideias de *desastre psicológico*[1] e de *catástrofe*, que descrevem não somente a deterioração psicótica,[2] mas também os primeiros sinais do pensamento.[3] O ponto de partida da realidade psíquica e a origem do pensamento afetivo são concebidos por

1 Bion, W. R. (1983). L'arrogance, In *Reflexion faite*, traduzido do inglês por F. Robert, PUF.

2 Bion, W. R. (1979). *Aux sources de l'expérience*, traduzido do inglês por F. Robert, PUF, p. 59.

3 Bion, W. R. (1974). Éléments *de psychanalyse*, traduzido do inglês por F. Robert, PUF, p.44.

Bion como uma "explosão 0 catastrófica"[4] primitiva; e a psicose como um reflexo perverso da origem catastrófica da experiência humana. É em 1965, em seu livro *Transformações*,[5] que a catástrofe se encontra vinculada à ideia de mudança. O conceito é assim especificado;

> *(...) é uma mudança catastrófica no sentido restrito de um acontecimento, nos diz Bion, que produz uma subversão da ordem ou do princípio das coisas; catástrofe ainda no que o acompanha um sentimento de desastre naqueles que dela participam, catastrófico, finalmente, no que tem de instantâneo e quase fisicamente violento.*[6]

Essa mudança, que Bion compara a uma explosão, transforma o momento pré-catastrófico[7] (dominado pela identificação projetiva e ausência de emoções) em um momento pós-catastrófico (rico em emoções). Essa ideia dará sua tonalidade futura ao conceito: a mudança catastrófica está associada a uma *transformação*. Ela nos indica que não estamos mais em presença de um *desastre*, como em um mundo submerso, mas em presença de uma *evolução* em que, agora, nada será como antes.

---

4 Bion, W. R. (1974). *Attention et interprétation,* traduzido do inglês por J. Kalmanovicth, Payot, Paris, pp. 43-46; Eigen, M. (1985). Towards Bion's Starting Point: Between Catastrophe and Faith. In *J.Psycho Anal*, 66, p. 321; Bria, P. (1981). Catastrofe e transformazioni: Le "geometrie" della mente nelle prospetiva transformazionale di Bion: uma lettura in termini dei epistemoligia bi-logica, in *Revista di Psicoanalisi* – Anno XXVII, n. 3-4, Liglio-Dicembre (p. 493). Il Pensiero scientifico Ed. Roma.

5 Bion, W. R. (1982). *Transformations.* Traduzido do inglês por F. Robert, PUF, p. 15.

6 *Ibid*, (p. 15).

7 *Ibid*, (p. 16).

Essa forma de evolução já estava claramente contida em sua ideia de *aprender com a experiência*, ou, por meio de um processo inteiro, as novas realizações tomam como ponto de partida os dados adquiridos na experiência precedente.[8]

O último e mais importante ponto de referência na evolução desse conceito é a conferência que Bion pronuncia na Sociedade Britânica de Psicanálise, em 1969,[9] intitulada "Catastrophic Change" e que introduz "Attention et Interprétation".[10] Nesses textos, ele faz um ajuste fino na interação entre continente e conteúdo, e suas transformações. As considerações sobre mudança catastrófica que se seguirão em *A Memoir of the Futur* não modificam substancialmente esse conceito, mas nos mostram a interrogação e o caminho que conduziram Bion a essa descoberta em si mesmo.[11]

---

8 Gadini, R. (1981). Il cambiamento catastrófico di Bion e Il "breakdown" di Winnicott. In *Revista di Psicoanalisi*, Anno XXVII, n.3-4, Luglio-Dicembre. Il pensiero scientifico editore, Roma. Devemos destacar aqui o parentesco das ideias de Winnicott e de Bion sobre a angústia catastrófica e a aplicação das descobertas de Bion por D. Meltzer, E. Bick e F. Tustin.
Winnicott, D. (1975). La crainte de l'effondrement. In Nouvelle *Revue de Psychanalyse*, n.11, 1975, Gallimard, traduzido do inglês por J. Kalmanovitch; Bick, E. (1987). The Experience of the Skin in Early Object Relations: Further Considerations of the Function of the Skin in Early Object Relations. In *Collected Papers of M. Harris and E. Bick*. Clunie Press, Scotland; Meltzer, D. (1977). La terreur, la persécution et l'effroi, in *Les structures sexuelles de la vie psychique*, tradução do inglês de J. F. Bégoin, Payot. Meltzer, D. (1975). Adhesive Identification, in *Contemporary psychanalysis*, n.11; Meltzer, D. (1980). *Le monde de l'autisme*, traduzido do inglês por G. et M. Haag, L. Iselin, A.M. de Châtellier, G. Nagler, Payot, 1980; Tustin, F. (1986). Naissance psychologique et catastrofe psychologique, in *Les* états *autistiques chez l'enfant*, traduzido do inglês por C. Cler et M. Davidovici, Seuil.

9 Bion, W. R. (1986). Catastrophic Change, Bull. Brit. *Psycho-Anal.* Soc. n. 5 (esta conferência constitui o capítulo 12 do livro *Attention et interprétation*).

10 Bion, W. R. (1974). *Attention et interprétation, op. cit.*, pp. 43-46

11 William, M. H. (1983). Underlying Pattern in Bion's Memoir of the Futur, in *Int. Rev. Of Psycho-Anal.*, n.10 (pp. 75-86).

A mudança catastrófica poderia, portanto, definir-se como uma *conjunção constante* de elementos e de fatos observáveis nos diferentes domínios entre um continente e um conteúdo, articulando-se em torno de três pontos: a *subversão do sistema*, a *invariante* e a *violência*.[12] Tudo isso se produz em um momento de evolução e desenvolvimento do insight,[13] de crescimento e de mudança. Esse fenômeno é, ainda, caracterizado por uma convulsão caótica que se alia a um sentimento de crise que pode ser detectado tanto na vida psíquica como no grupo e na sociedade (mesmo quando ela é organizada).[14]

---

12 Bion, W. R. (1982) *Transformations, Ibid.*, p. 15. Ver igualmente o resumo de "Catastrophic Change" in: Grinberg, L.; Sor, D.; de Bianched, E.T. *Introduction aux idées psychanalytiques de Bion*, trad. Hawelka Dunod, Paris, 1976 (p. 169) (uma reedição dessa obra insubstituível sairá logo em Éditions Césure, com um capítulo inédito: *Le dernier Bion*); Sor, D.; de Gazzano, M. R. S. (1988). *Cambio catastrófico*. Kargieman, Buenos Aires.

13 O desenvolvimento do *insight* e da crença psíquica pode se aproximar de interpretações de transferência que Strachey sublinha em seu trabalho sobre a interpretação mutante, bem como o "ponto de emergência" para interpretar Melanie Klein. Entretanto, é preciso fazer uma diferença entre as concepções de Bion e as expressas por Strachey e Melanie Klein. Com efeito, estes últimos acentuam as resistências que o paciente opõe à análise (resistências atuantes pela onipotência de seus fantasmas inconscientes e pelas modalidades do funcionamento psíquico). Para Bion, esses obstáculos são mais uma defesa da mudança K em O. Tornar-se O é equivalente a "si mesmo ser sua própria verdade", e não somente um *saber sobre si mesmo*. Sobre esse problema, podemos consultar as pertinentes observações de Paola Fadda (1987): "Evoluzione in O e turbolenza psicologia" in *Letture bioniane*, a cura de C. Neri, A. Correale e P. Fadda, Borla Editore, Roma.

14 Baroni, M.; Fadda, P. (1987). Alcune considerazioni a propósito del cambiamento catastrófico, in *Letture bioniana*, Ibid (p. 203). As mudanças catastróficas são frequentes na vida cotidiana. Uma mudança de perspectiva; a passagem de um estado psíquico a outro; uma visão diferente das coisas são formas atenuadas da mudança catastrófica. E, em outros momentos, tomam formas dramáticas como as crises da passagem da infância para a adolescência, para a idade adulta e as da metade e fim da vida. O conhecimento que nasce de uma sessão analítica, na interrelação do paciente e do analista, atravessa

A mudança catastrófica é, portanto, uma situação emocional profunda que ocorre em um momento de crescimento psíquico.

Outro ponto deve ser esclarecido aqui. O que é uma ideia nova?

Por ideia nova, entendemos o que Suzanne Langer denomina, na história do pensamento, *ideias generativas*, isto é, ideias que dão forma a presenças anteriores e que fazem retroceder os limites do pensamento. É sobre essas ideias que as teorias se elaboram,[15] e devemos distingui-las – diante da inflação teórica generalizada do nosso tempo – das teorias *atuais*.

Classificarei entre as primeiras – ideias generativas – aquelas que Poper nos descreve como as que têm possibilidade de ser invalidadas, de ser refutadas, ou ainda, de ser testadas; isto é, que "são

---

também uma mudança catastrófica. Jaques, B. (1974). Mort et crise du milieu de la vie. Trad. D. Anzieu, in *Psychanalyse du génie créateur*, Dunod; Resnik, S. (1986). *L'expérience psychotique*, Césura Lyon Édition, Lyon; Bégoin, J. (1979). L'angoisse catastrophique, in *Revue française de psychanalyse*, Tome XLIII, janvier-frévier, PUF; Bégoin Guignard, F.; Bégoin, J. (1979). *Réaction thérapeutique négative, envie et angoisse catastrophique*, Congrès de la F.E.P., Londres.

15 Langer, S. (1980). *Philosophy in a View Key, A Study in the Symbolism of Reason, Rite and Art*, Cambridge, Massachusetts, Harvard Univ. Press, Third Edition (p. 8). Sobre as ideias transmitidas pelos trabalhos científicos de uma sociedade analítica, podemos recorrer ao trabalho de J. Rickman (1951): Reflection on the Function and Organisation of a Psychoanalytical society, in *Selected Contributions to Psycho-Analysis* (1957), edited by W.C. Scott, The Hoggart Press and The Institute of Psycho-Analysis, London. Bahia, A. B. (1981). New Theories: their Influence and Effect on Technique, in Do I Dare Disturb the Universe? *A Memorial to W. R. Bion*, Caesure Press, USA; Klauber, J. (1968). Sur le Double usage de la méthode historique et scientifique em psychanalyse, in *La rencontre analytique*, trad. Do inglês por J. Adamov, PUF; Wilsdom, J. O. (1984). What is Left on Psychoanalytic Theory? in *Int. Rev. Psycho-Anal. 11 313*; Klein, G. S. (1970). Dos teorias o una? Perspectivas para el cambio em la teoria psicoanalitica. Trad. de l'américan sans refèrence du texte original, in *Revista de Psicoanalisis*, Julio-Sept., t. XXVII, n.3, Buenos Aires; Jaques, E. (1950). Les troubles de la faculté de travail, XXI Congrès Int. de Psychanal., Copenhagen, in *Revue Française de Psychanalyse*, PUF.

soluções provisórias dadas a certos problemas".[16] Em razão de seu efeito mutante, Bion prefere nomeá-las "transformações",[17] mostrando, com isso, que a possibilidade de inovação de uma teoria está ligada de maneira íntima a seu próprio enfraquecimento em face da emergência de um *fato novo*.

Em sua evolução e confrontação com a teoria, o fato novo desarticula uma "conjunção constante" de elementos, permitindo a revisão de axiomas e de significação de termos nunca antes aceitos. O fato novo, também como o pensador, que tentará pensar essa confrontação, aproxima-se da mudança catastrófica, ao passo que as teorias *atuais* constituem uma defesa contra a mudança. Elas se mostram como um substituto "ideológico" da experiência e não são determinadas por uma análise, mas pela retórica e pelo poder cultural, pedagógico ou ideológico que reina em um determinado meio. Essas teorias têm por finalidade fechar um espaço e impedem o nascimento e o efeito "descarga" de um pensamento novo; bem como para uma comunidade científica e para a mente daqueles em que o fenômeno ocorre. Esses pensadores só conhecem o pensamento especulativo: racional e domesticado, eles temem receber em sua mente pensamentos selvagens e turbulentos.[18]

Um aspecto particular do pensamento de Bion é que a ideia nova trazida pelo "místico" irrompe em um contexto grupal. E é nesse contexto que o místico e o grupo são indispensáveis um ao outro, pois eles devem veicular e conter a ideia messiânica, a fim de que ela não seja esmagada e que nem um nem o outro se destrua.

---

16 Popper, K. (1981). *La quête inachevée*. Trad. do inglês por R. Bouveresse. Calman Lévy, Presses Pocker, p. 189; E Popper, K. (1973). *La logique de la découverte scientifique*, trad. de N. Thyssen-Rutten e P. Devaux, Payot.

17 Bion, W. R. 1982). *Transformations, Ibid.*, p. 70.

18 Bion, W. R. (1985). *Seminari italiani*. tradução de P.T. Bion e L. R. Piperno, Borla Editore, Roma, p. 62.

A partir dessa configuração, Bion propõe três vínculos que podem determinar o status quo, a comunicação ou a destruição entre a ideia nova e o grupo.

No primeiro caso, o establishment e as ideias do místico coabitam sem inter-relação. A existência de um não constitui perigo para o outro ("A verdade não foi ainda descoberta, embora ela exista").[19] Isso corresponde à investigação de pensamentos sem pensadores e de pensadores sem pensamentos. Nesse tipo de relação que Bion chama "comensal", a ideia nova coexiste com outras ideias do establishment em uma espécie de gentleman's agreement.

O exemplo seria o de uma comunidade científica que permitiria a convivência em seu seio, de todas as teorias e todos os movimentos de sua ciência, cujos membros jamais se interessariam pelo modelo veiculado por cada uma dessas teorias. Uma espécie de "autismo teórico" afetaria seus membros, que se reuniriam para falar sem escutar, em que cada um permaneceria encapsulado em sua própria teoria ou em seu próprio sistema.

Nesse contexto, as teorias existem, mas elas são constantemente desarmadas de seu conteúdo turbulento e explosivo (isto é, inovador). A aprendizagem, acerca da qual Bion demonstrou a intolerância das relações para com a descoberta, faz-se por uma acumulação de conhecimentos próximos de um desejo obsessivo de saber.[20] As ideias encontram-se, dessa maneira, privadas de sua vitalidade e de sua liberdade. Os conhecimentos tornam-se

---

19 Bion, W. R. *Attention...*, *Ibid.*

20 Meltzer, D.; Harris, M.; Howard, B. (1986). Family Patterns and Cultural Educability, in *Studies in Extended Metapsychology*: Clinical Applications of Bion's Ideas, Clunic Press, p. 156; Thorner, H. (1981). Notes on the Desire for Knowledge. In "Do I Dare the universe? A memorial to W.R. Bion. London: Karnac.

– como indicava T. Reik[21] – conhecimentos fixos de preferência a um conhecimento vivido.

O segundo aspecto que podemos isolar no vasto e complexo processo de acolhimento, que uma comunidade científica concede a uma ideia nova ou a uma teoria nova, é a transmissão do modelo de conhecimento.

Kuhn[22] assinala que, desde o momento em que estudantes tornam-se membros de uma comunidade científica, eles entram em

---

21 Reik, T. (1970). *Le psychologue surpris*. Trad. do alemão por D. Berger, Denöel, p. 102.

22 Kuhn, T. S. (1982). *La structure des révolutions scientifiques*. Trad. do inglês por L. Meyer, Flammarion. Sobre o conflito entre inovadores e apoiadores da tradição em uma comunidade científica, os diferentes trabalhos de Kuhn me parecem estar entre os mais instrutivos. Em particular: "The Essencial Tension" Select Studies in Scientific Tradition and Change. The University of Chicago Press (capítulo IX principalmente). Observações que vêm auxiliar a problemática enunciada encontram-se em: Holton, G. (1982a) *L'imagination scientiphique*, trad. por J. F. Roberts e a colaboração de M. Abelleira e E. Allisy. Holton, G. (1982b). *L'invention scientiphique*, trad. do inglês por Paul Scheurer, PUF. Toulmin, S. (1972). *Human understanding*, The Collective use and the evolution o concepts. Vol. I, Princenton University Press. Toulmin, S. (1973). *L'explication scientifique*, trad. de Jean-Jacques Lecercle, Armand Colin. Cohen, I. B. (1986). *The newtonian revolution*, Cambridge Univ. Press. Merton, R. (1973) *The Sociology of Science*, Theoretical and empirical investigation. The University of Chicago, Illinois, U.S.A. Barnes Khun, T.; Merton, R. (1972). *Sociology of Science*, Penguin Books Ltd. UK. Losee, J. (1972). *A Historical Introdution to the Philosophy of Science*, The Clarensdon Press, Oxford. Poincaré, H. (1968). *La science et l'hipothèse*, Flammarion. Fryerabend, P. (1979). *Contre la méthode*, trad. do inglês por B. Jurdant e A. Schlumberger, Seuil. E as contribuições psicanalíticas: Kubie, L. (1953, 1954). Some Insolved Problems of the Scientific career, *American Scientist*, XLI, XLII. Jaques, E. (1978). Des systèmes sociaux comme défenses contre l'anxiété dépressive et l'anxiété de persécution, trad. do inglês por A. Lévy, in *Psychologie sociale*, tome II, Dunod. Menzies Lyth, I. (1988, 1989). *Selected essays* (2 vol.), Containing anxiety in institutions (I), The dynamics of the social (I), *Free Association Books*, London. Pichon, É. (1927). Position du problème de l'adaptation réciproque entre la société et lês

contacto com homens que lhes ensinaram coisas já extraídas dos mesmos modelos de conhecimento. Portanto, a oposição, ou, como diria ainda Bion, "(...) a controvérsia como ponto de crescimento, a partir do qual brota o desenvolvimento",[23] é completamente domesticada. Essa atitude da comunidade científica em relação aos novatos poderia ter como finalidade *neutralizar preventivamente* os conflitos entre *inovadores* e *partidários da tradição*.[24] Em outras palavras – e se retomamos o modelo bioniano de desenvolvimento precoce – podemos dizer que tal instituição segue um caminho análogo ao de uma mãe tão ansiosa para proteger seu bebê que termina por enclausurá-lo, porém nem o contém nem permite que ele se desenvolva.[25] Essa "transmissão" linear e dogmática do conhecimento não deixa nenhum lugar para uma transformação das funções intelectuais, mas conduz a uma identificação mimética[26]

---

psychismes exceptionnels, *Revue française de psychanalyse*, 1re année. Fornari, F. (1987). Pour une psychanalyse dês institutions, trad. do italiano por C. Lingagne, in *L'institution et le s institutions, Incoscient et Culture*, Dunod. Blejer, J. (1987) Le groupe comme institution et le groupe dans les institutions, trad. do espanhol por Raës, in L'institution et les institutions, in *L'institution et les institutions, Ibid.*

23 Bion, W. R. (1974). *Attention... Ibid.*, p. 103.

24 Esse conflito esteve presente ao longo da atividade da história do movimento psicanalítico. Posso me referir ao notável artigo de R. Steiner (um modelo de pesquisa que marcará um encontro com os historiadores do movimento psicanalítico): "Some Thoughts about Tradition and Change Arising from an Examination of the British Psychoanalytical Society's". Controversial Discussions (1943-1944). In *Int. Re. Psycho-Anal.*, 1985, I2, 27. Os dois trabalhos de Léon Grinberg parecem-me de importância fundamental: *Ideas nuevas: conflicto y evolutión*; e "Vicissitudes de lãs relaciones entre analistas y sus motivaciones", in *Psicoanalisis*, Paidos, Barcelona, 1981. Eidelberg, L. (1959). La psychanalyse, art, science ou bureaucracie, in *Revue française de psychanalyse*, t. XXIII, juillet-août 1959, n.4, PUF. Grosshkurth, P. (1990). *Melanie Klein, son monde et son oeuvre*, trad. do inglês por C. Anthony, PUF, 1990.

25 Sor, D.; de Gazzano, M. T. (1988). *Cambio... Ibid.*

26 Meltzer, D. e colaboradores. (1986) "Studies in Extended...", p. 157. Winnicott, D. (1960). Distorsion du Moi em fonction di vrai et du faux "self", in *Processus*

com as ideias do establishment. Nesse tipo de identificação, o indivíduo cola-se como um adesivo às qualidades superficiais e visíveis do objeto – em nosso caso, o establishment – tornando-se tributário de sua presença e de seu brilho, a fim de assegurar seu êxito social sem abalos em sua personalidade. É o tipo de personalidade descrita "como se", por Helene Deutsch, e como "falso eu", por Winnicott. Em outros termos, é parecer sem ser. As teorias que emergem, nesse contexto, podem ser igualmente colocadas ao lado do que eu chamei de "teorias atuais".

Mas a tarefa que se impõe aos partidários da tradição, que com frequência representam a raiz mais solidamente fixada do establishment, tem uma tem dois gumes. Eles devem proteger as aquisições e a maturidade teórica de certos conhecimentos que constituem o *corpus* sobre o qual se apoia a comunidade científica ou psicanalítica dos ataques invejosos e destrutivos da parte dos hóspedes parasitas. Ao mesmo tempo, de posse desse poder, eles podem acentuar a defesa (por outro lado, necessária) a ponto de transformá-la em uma fortaleza de dogma, agarrando-se, então, de maneira dogmática, às "velhas teorias" como verdades intocáveis; eles impedem o surgimento de toda ideia nova e de toda teoria, que teria um efeito radiante.

Essas formas de ligação às "velhas teorias" constituem menos uma problemática especulativa do que um conflito emocional. Isso porque as "velhas teorias" são transformadas pelos membros do establishment em uma parte constitutiva de sua própria identidade.[27] Dessa forma, toda transformação será evitada, porque

---

de maturation chez l'enfant, trad. do inglês por J. Kalmanovith, P. B., Payot, 1974. Deutsch, H. (1942). "Divers troubles affectifs et leurs rapport avec la schizophrénie", in *La psychanalyse des névroses*, trad. por G. Rintzler, Payot, 1970. Grinberg, L. (1980). *Identidad y cambio*, Paidós, Barcelona. Joseph, E.; Widlöcher, D. (1979). *L'identité du psychanalyste*, PUF.

27 Steiner, R., *op.cit.* Grinberg, L. (1981) "Ideas nuevas..." e "Vicissitudes..." in

causará mudanças e situações novas com seu cortejo de lutos, sentimentos depressivos e ansiedades precoces em face da perda e da separação.[28] A ideia nova, portadora de mudanças, será asfixiada pelo establishment. Desse modo, na relação comensal, as teorias e as ideias circulam sem mudança e seguem o mesmo caminho que as emoções: elas são indiferentes e controladas, produzindo uma simbolização de significações pobres.[29]

O outro tipo de relação que designa uma modificação recíproca do continente e do conteúdo, em que se instala um vínculo benéfico, nesse caso, para um e para o outro, Bion chama de *simbiótico*. Pensador e pensamentos se modificam em todos os sentidos em uma correspondência recíproca. A ideia nova veiculada pelo místico é contida e desenvolvida pelo establishment. O desenvolvimento recíproco produz um rico significado emocional e simbólico (Love Hate knoledge – L.H.K.) (A.O.C – amor, ódio e conhecimento). Esse desenvolvimento gera tolerância ou hostilidade. A participação nessa experiência emocional traduz-se por uma modificação das teorias, das ideias e das personalidades. O indivíduo e o grupo participam de uma experiência, e eles são capazes de aprender com ela. Essa aprendizagem resulta "no abandono

---

Psicoanalisis. Grinberg, L. (1978). *Culpa y depressión*, Paidós, Barcelona. Speziale-Bagliacca, R. (1988). *A hombros de Freud*, trad. do italiano por V. Castro, Tecnipublicaciones, Madrid.

28 Sor, D.; de Gazzano, M. T. (1988). *Cambio... Ibid*. Cap.2.

29 Klein, M. (1934). "Contribution à l'étude de la psychogenèse des états maníaco-dépressifs", "Le deuil et sés rapports avec les états maníaco-dérpressifs" (1940), in *Essais de psychanalyse*, trad. do inglês por M. Derrida, Paris, Payot, 1970. Klein, M. (1948). *Sur la théorie de l'angoisse et de la culpabilité*; *Quelques conclusions théoriques au sujet de la vie émotionnelle des bébés*. Klein, M. (1952), In *Dévéloppements de la psychanalyse*, trad. do inglês por W. Baranger, PUF. Klein, M. (1978). *Envie et gratitude, et autres essais*, trad. do inglês por V. Smirnoff e com a colaboração de S.Aghion e de Derrida, Gallimard. Segal, H. (1987). *Délire et créativité*, trad. do inglês por J. Chambrier e Claude Vinvent, com a colaboração de Annik Comby e o autor, *Des Femmes*.

da posição esquizoparanoide em proveito da posição depressiva",[30] que se torna, dessa maneira, o motor do crescimento interno. Já descritos por Melanie Klein, o desejo de reparação e o de restauração que as fantasias depressivas provocam, bem como a integração das partes fragmentadas, produzem a consciência de um mundo interno integrado. É essa transformação que impede a catástrofe, pura e simples, e torna-se o veículo de mudança. Essa passagem crítica, entre um antes e um depois, é o que os obriga a sair do ventre da baleia para confrontarem-se com uma situação trágica.

Em oposição, a relação *parasitária* corresponde à destruição dos dois participantes da relação: o indivíduo e o grupo, o continente e o conteúdo se desvitalizam reciprocamente, despojando-se de toda significação. Os dois participantes sabem que a ideia é falsa, mas eles a utilizam como uma barreira contra a verdade. É a destruição total de um e do outro. A ideia nova e seu portador provocam de tal forma a inveja no establishment que este reage despojando o "gênio" de seus aspectos criadores-destruidores, condenando-o, por exemplo, a uma tarefa administrativa. Bion dizia que seu epitáfio poderia ser: "Ele foi carregado de honras e naufragou sem deixar traços."[31] Nessa relação, em que o conteúdo destrói o continente e em que o continente se deixa destruir pelo conteúdo, não há lugar para o crescimento nem para o aprendizado. O continente despoja a ideia nova de sua capacidade penetrante, e o conteúdo despoja o continente de sua capacidade receptiva.[32]

Para o continente (grupo ou instituição), a ideia nova suscita um estado de espírito próximo ao do "terror": uma mobilização

---

30 Bion, W. R. (1974). *Attention...*, p. 138.

31 Sor, D.; de Gazzano, M. T. (1988). *Cambio... Ibid.* Cap.2. E também o trabalho de M. Schmideberg (1930), "The Role of psychotic mechanisms in cultural development", *The Int. J. of Psycho-Anal.*, Vol. XI.

32 Scholem, G. G. (1988). *Les grands courants de la mystique juíve*, Payot, chapitre VII.

geral faz-se a serviço da velha organização vigente, como uma cidadela invadida, que desenvolveria um combate desesperado contra a *verdade*. Para fazer face a uma tal mudança, a *mentira* é requisitada. Assiste-se, dessa forma, à ressurreição das teorias dos fundadores do establishment, cuja identificação absoluta é utilizada como um dogma investido de uma moralidade arrogante, mas, em realidade, sem moral alguma. É o momento em que as gerações do passado pesam muito fortemente sobre as inovações do presente. O conteúdo foi submetido aos mesmos ataques que o continente e torna-se, assim, cheio de inveja, voracidade e de avidez. O continente e o conteúdo utilizam, dessa forma, uma ideia que não é mais apta nem para a aprendizagem nem para o crescimento: é uma ideia-cumplicidade contra a *verdade*.

Na concepção bioniana de mente, a verdade, como coisa em si (0), não tem necessidade de um pensador para existir, enquanto a mentira não pode prescindir do pensador. Mas ao mesmo tempo – nos diz Bion –, a verdade absoluta não é contível e tem necessidade de certo grau de maquiagem para ser contida na vida psíquica.

O efeito "disruptivo" da verdade só pode nos evocar "fragmentação dos vasos" a que se referia o cabalista da Idade Média Isaac Luria (ao qual Bion gostava de referir).

Para Luria, a luz primordial está contida em vasos, mas, jorrando de uma só vez, ela produz um choque tão forte que os vasos se quebram e são feitos em pedaços.[33] Então, a fim de se preservar da cisão e de poder tolerar a dor psíquica, é que o continente deve introduzir certo grau de falsificação. É esse grau necessário – digo eu – de falsificação que permite que a verdade possa alojar-se na

33 Bion, W. R. (1987). *Clinical Seminars and Four Papers*, Fleetwood Press, Abingdon, p. 223. Meltzer D. (1986/1987) *On turbulence* (1986): reprinted from D. Meltzer. *Studies in Extended Metapsychology: Clinical Applications of Bion's Ideas*. Perthshire: Clunie Press.

mente e aí desenvolver-se. Isso a diferencia da mentira, que destrói a verdade e substitui-a pela "moralidade".

Com efeito, o pensamento, ensina-nos Bion, não tem necessidade de um pensador para existir; ele vagueia antes de encontrar seu domicílio na mente do pensador. O movimento genial de Freud foi permitir alojá-lo em sua mente, e transformá-lo, em seguida, em um pensamento vago que preexistia nele: a *psicanálise*. Essa descoberta transforma um momento pré-psicanalítico *na* psicanálise. Freud opera, dessa maneira, sobre si mesmo e no mundo, uma verdadeira mudança catastrófica.

Caracterizando a mudança catastrófica, Bion colocou em evidência a presença de três elementos constitutivos: a subversão do sistema, a invariância e a violência. Presentemente e à luz de seus últimos trabalhos, parece-me que deveríamos considerar outro elemento "latente" que permeia esses três elementos constitutivos: a *turbulência emocional*.[34] A turbulência é um conceito que pertence aos problemas suscitados pela relação. Ele se assenta *entre* o fato novo e o acolhimento que lhe é feito; constitui "(...) um ponto de conexão incerto e de desconexão iminente. De certa forma, ele ajuda a ruptura da união constante...".[35] Essa zona de turbulência provoca uma situação crítica de grande intensidade emocional e

34 Sor, D.; de Gazzano, M. T. (1988). *Cambio...* Cap. 4.

35 Bion, W. R. (1974). *Attention...*, p. 196. As condições de uma descoberta dependem também da *maturidade* de uma época e do meio ambiente. A. Koestler, em seu apaixonante trabalho sobre a história das concepções do universo, marcava com pertinência que: "Se o século XVIII estava 'amadurecido' para Newton ou o século XX para Freud ou Einstein, é preciso procurar a causa em uma atmosfera geral de *transição*, de *crise consciente*, penetrando em toda espécie de atividade humana, organização social, crenças religiosas, artes, ciências, modas." (grifo meu) (A. Koestler, *Les somnambules*, trad. do inglês por G. Fradier, *Le livre de Poche*, 1973). A transição e a crise consciente fazem parte de uma zona de turbulências. Isso não havia escapado a Bion quando realça a expectativa que acorda toda ideia messiânica e incita outros indivíduos.

situa-se no momento em que uma relação comensal pode evoluir para uma relação simbiótica.[36] Em "termos atuais – nos diz Bion –, uma situação crítica surge quando há ameaça de descoberta".[37]

A "descoberta", na conceituação bioniana de mudança catastrófica, comporta um processo dinâmico que não é uma simples adição de dois ramos de conhecimento ou de várias teorias de desenvolvimento. É uma comoção que entra na vida psíquica, no indivíduo e no grupo em uma zona de turbulências que produz uma reintegração de elementos dispersos, uma ruptura com estruturas fixas e ossificadas, tanto no comportamento do grupo como no "espírito do gênio". Perde-se, nesse momento, a segurança que parecia adquirida, mas a vida psíquica se enriquece pela incorporação de uma ideia nova e da mudança que dela resulta.

Essa ideia de mudança, de descoberta e de evolução só é possível depois que o místico em si tenha degelado seu mundo próprio de estruturas sólidas e que ele se desenraize de suas próprias teorias para poder suportar a *incerteza* que fará nascer a nova ideia como processo de transformação esta que não existe sem evocar o vínculo entre o místico bioniano e o trajeto de outras experiências místicas

---

"A posição comensal modifica-se logo que pensamentos e pensador estão próximos. Em termos atuais, uma situação crítica aparece quando há ameaça de 'descoberta'. Comumente dizemos que a esperança messiânica estaria mais ativa que de hábito no nascimento de Jesus, e vale a pena registrar que mais de um pesquisador parecia estar prestes a abordar uma descoberta naquela época, em que esta descoberta foi realizada" (*Attention...*) (pp. 198-199).

36 Relação comensal, relação de convivência que pode evoluir para uma relação de simbiose, isto é, de associação intima entre duas pessoas (por exemplo: mãe/bebê) ou uma regressão presente no estado de indiferenciação eu/objeto (N.T.).

37 "... *I mean Negative Capability, that is when man is capable of being incertainities, mysteries, doubts, without any irritable reaching after fact and reason...*" (Lettre de John Keats a G. et T. Keats (21-27/12-1817) in *Lettres of John Keats*. Uma seleção editada por R. Gittins, Oxford University Press, p. 43.

que sua alma só realizaria atravessando a longa escuridão da noite; a dúvida, o mistério e a dor psíquica, isto é, *capacidade negativa.*[38]

Em *Memoir of The Futur*, Bion nos apresenta, sob forma dramática, as implicações de sua própria mudança catastrófica: "Ambos", nos diz ele, "somos conscientes dessa experiência cheia de medo, muitos não são porque têm medo de se tornar loucos", de sofrer um desastre indescritível, um colapso que se expresso seja capaz de causar uma calamidade.[39]

De que nos fala ele senão da impressionante cesura do nascimento de seu próprio pensamento por meio de uma profunda comoção interna?

Os descobridores – como Bion – não são apenas os que elaboraram uma ideia e construíram uma teoria nova. Eles são, sobretudo, os que puderam tolerar sua descoberta sem serem corroídos por sua própria inveja, sua avidez, seu narcisismo destruidor e os ataques psicotizantes do grupo e da sociedade.

Podemos dizer que os descobridores são aqueles que podem ultrapassar a fatal mudança catastrófica.

Aqui, agradeço aos meus amigos:

Leon Grinberg, cujo conhecimento de Bion e os encontros que me concedeu permitiram-me uma melhor elaboração de minhas ideias. Ricardo Steiner, cujas pesquisas sobre o movimento psicanalítico esclareceram, após longas conversas, muitos dos assuntos aqui tratados. Enfim, Salomon Resnik, que me apresentou Bion e comunicou-me sua experiência sobre a "catástrofe psicótica".

---

38 Bion, W. R. (1977). *A memoir of the futur*, Book two. The Past Presented, Rio de Janeiro, Imago Editora, 1977, p. 143.

39 Bion, W. R. (1989). *Une Mémoire du Futur*, Le passé du présent, Tome II, traduzido por Claude Legrand, Césura, Lyon, 1989, p. 169.

9. Liberdade e tirania

Introdução

Em 1968, Bion e sua esposa se deparam com escolhas delicadas. De um lado, o gênio de Bion confronta-se com um establishment que, certamente, o havia concedido honrarias, mas queria contê-lo, limitar suas descobertas; e, de outro lado, uma força criativa que o impulsionava para adiante, dolorosamente, mas com determinação.

Bion jamais insistiu no que o havia impulsionado a deixar a Inglaterra para instalar-se, aos mais de 70 anos, na Califórnia. Recusa do establishment? Ele poderia instalar-se no papel de sábio, nessa campanha inglesa.

Desejo de novidade? Os californianos o esperavam, certamente com interesse, mas os primeiros anos foram difíceis. Movimento depressivo: percebemos que ele deveria bem fazer alguma coisa, com um risco duplo, seja de secar sua criatividade, seja de fazer explodir o grupo kleiniano, em que uma parte se instalava em posições ultrapassadas. Ele salvaria tanto uma como a outra, partindo.

O último período de sua vida foi o dos balanços, do ensino e o de uma nova liberdade.

Os balanços são, essencialmente, seus rascunhos biográficos, mais ou menos inventados ou recriados como em qualquer processo psicanalítico. Ele insistiu demais na necessidade de mentiras serem recriminadas.

Durante esse último período, Bion multiplicou os seminários e as exposições. Ele veio à França, onde possui uma casa.

Nesse período, pudemos nos dar conta de que Bion estava bem mais próximo da mensagem freudiana do que qualquer outra; em especial, a de Melanie Klein e seus alunos.

Sabemos que Bion foi sempre considerado o portador de tendências depressivas. É sem dúvida à luz de seus próprios trabalhos sobre a angústia e a dor psíquica que convém abordar esse comportamento. E Jean Bégoin nos esclarece sobre esse ponto.

Liberdade e tirania

Jean Bégoin

Comentar as intervenções dos oradores anteriores a mim parece-me uma tarefa enorme porque fiquei muito impressionado pela qualidade de suas exposições e, também, pela multiplicidade de pontos de vista – de vértices, diria Bion – que foram evocados. Portanto, serei obrigado a me impor limites. Não tenho nada a acrescentar às intervenções que evocaram a pessoa de Bion, a não ser para realçar minha admiração pela forma como o fizeram. Quanto às outras intervenções de natureza cientificamente mais diretas, responderei a elas, na medida em que quiser falar sobre a influência de Bion no meu próprio pensamento e na evolução que esta obra, provavelmente do meu ponto de vista, trará para a compreensão psicanalítica do homem. Concentrar-me-ei no problema da dor e do sofrimento psíquicos.

De posse dos instrumentos conceituais e técnicos, elaborados por M. Klein, em particular, seus conceitos de posição depressiva e posição esquizoparanoide, é que Bion começou sua exploração analítica do mundo da esquizofrenia. O estudo dos distúrbios do pensamento na psicose conduziu-o, pelo que se segue, a elaborar a mais audaciosa de suas "hipóteses imaginativas": conceber como poderíamos tentar compreender e exprimir a gênese do pensamento. Essa foi a revelação fornecida em 1962 por seu livro, hoje célebre e constantemente citado, *Learning from Experience (Aux sources de l'experience*, PUF, 1979), em que ele desenvolveu a primeira teoria psicanalítica do pensamento.

Fazendo isso, Bion introduzia uma revolução na teoria analítica: ou seja, a utilização normal, "realista," como ele dizia, do mecanismo pelo qual M. Klein havia descrito os aspectos patológicos e a identificação projetiva. De acordo com Bion, esse mecanismo, que, segundo M. Klein, havia se tornado um instrumento essencial para a exploração da psicopatologia, devia ter sido aquele que, utilizado de maneira "realista" na relação primitiva mãe-bebê, permitiu o estabelecimento de comunicação psíquica entre o bebê e sua mãe, comunicação esta necessária ao desenvolvimento das capacidades de simbolização e de pensamento na criança. Isso significou, pela primeira vez após muito tempo, reintroduzir na teoria analítica o papel da realidade exterior e a de objeto no desenvolvimento, dando a essa função uma posição precisa. M. Klein frequentemente havia feito alusão a isso, descrevendo em vários momentos de sua obra como a predominância das experiências de satisfação permitia a elaboração dos "bons" objetos internos, mas ela sempre se limitou ao estudo das condições internas dessa elaboração. Seguramente, o papel da realidade externa havia sido objeto de certo tabu por parte dos analistas, desde que Freud abandonou sua teoria da sedução em favor do conceito de fantasia inconsciente. Alguns autores, como Ferenczi e, mais recentemente, Winnicott, com os conceitos de "holding" e "mãe suficientemente boa", atribuíram ao meio ambiente um papel decisivo. Mas apenas Bion, ao descrever a identificação projetiva "normal" na gênese do pensamento, foi quem chamou a atenção para a natureza da interação mãe-criança, permitindo o desenvolvimento da psique. Nós apenas começamos a entrever as consideráveis repercussões dessa nova "revolução psicanalítica," trazida por Bion.

Para compreender a extensão dos problemas em debate, é preciso evocar a natureza e o papel das primeiras identificações no desenvolvimento. Todas essas primeiras identificações permitem o estabelecimento do núcleo do sentimento de segurança e de identidade, sem o qual nenhum desenvolvimento psíquico é possível, desenvolvimento este que se faz pela *assimilação simbólica* da experiência emocional e de relacionamento. Quando essa identidade de base não é *segura*, todo o desenvolvimento da simbolização é comprometido: em seu lugar podem proliferar o que Bion denominou "transformações em alucinose", que criam um mundo autoengendrado, apagando quase totalmente o contato com o mundo real e o desenvolvimento do mundo das relações de objeto.

Bion tomou emprestado da neurologia o termo "alucinose" para evocar a tendência geral do aparelho psíquico a "alucinar", aí incluindo desde a "satisfação alucinatória de desejo", descrita por Freud, até as formas mais patológicas de alucinação. Como parte de sua teoria do pensamento, ele considera as alucinações patológicas o resultado da expulsão de elementos beta, elementos não simbolizados, provenientes da posição psicótica da personalidade. Elas são consequência da ausência de desenvolvimento das partes do self infantil, que não encontraram um "continente" adequado, capaz de receber os conteúdos emocionais brutos e de transformá-los, por meio da "capacidade de rêverie da mãe" e sua função alfa, em elementos que possam ser utilizados pelo pensamento, nomeados por Bion "elementos alfa". A ausência de resposta adequada do objeto às necessidades de desenvolvimento psíquico da criança determina um sentimento de pânico e de "terror sem nome" (nameless dread), contra o qual o sujeito se defende, eliminando as funções psíquicas que poderiam percebê-los. Os órgãos dos sentidos são utilizados, dessa forma, como meio de evacuação dos elementos não simbolizáveis e constituem o processo de transformação em alucinose. O paciente que se descobre forçado a utilizar esse processo tem o sentimento de cercar-se de um mundo autoengendrado e que lhe permite eliminar uma dor psíquica intolerável. Penso que essa dor corresponde a uma ameaça ao próprio sentimento de existir, similar ao que F. Tustin descreveu nas crianças autistas (F. Tustin, 1989). A resistência quase intransigente com a qual nos defrontamos nos pacientes que utilizam a alucinose deve-se ao sentimento de que seu mundo autoengendrado é superior a qualquer outro, porque qualquer outro reintroduziria um sofrimento temido como intolerável.

É necessário, para compreender a natureza desses terrores e dessas defesas, imaginarmos certa representação do universo, no qual o recém-nascido se sente projetado ao momento do nascimento, à saída do mundo intrauterino. Esther Bick, a quem devemos o conceito de identificação adesiva e o da pele como representante psíquico, ou melhor, representante *psicossomático* da função continente da mãe para o bebê, construiu esse universo a partir da clínica infantil e da observação dos recém-nascidos (cuja metodologia ela introduziu).

Em sua comunicação, que foi sobretudo oral, ela gostava de comparar o bebê, ao nascer, a um astronauta que seria projetado no vácuo sem relação espacial, vivendo um sentimento de dilatação infinita do espaço. O que permite ao recém-nascido sobreviver nessas condições é o agarrar-se muscular sobre si mesmo e/ou sensorial sobre o objeto, bem como a identificação adesiva.

Em um trabalho sobre as transformações em alucinose (a ser lançado brevemente, sob o título *Aux sources de la pensée*, ed Caesura, Lyon), C. Athanassiou propõe certo número de hipóteses pessoais e originais, que estabelecem ligações entre os fenômenos patológicos descritos por Bion e a reconstrução que ela tenta fazer do desenvolvimento normal e patológico, na perspectiva aberta por E. Bick (1987). Ela chegou, assim, a uma concepção nova e coerente da gênese do fenômeno da alucinação. E escreve:

> *Em suma, o bebê tenta fabricar seus próprios pontos de aderência no momento em que percebe que eles não são produzidos, unicamente, por sua contração muscular. É a utilização do olho na perspectiva da geração de sua própria luz que vai provocar a alucinação. Da mesma maneira os músculos abdominais têm simples contrações que produzem sua própria aderência.*

Todavia, ela confere à alucinação o sentido geral de um mecanismo de defesa, comparado a uma espécie de frenagem, permitindo à criança conservar certo domínio sobre a extensão de seu universo simultâneo progressivamente ao que ela faz na assimilação de sua primeira agarração. Ela estabelece igualmente um ponto entre as concepções que desenvolve e aquelas desenvolvidas por F. Tustin sobre o autismo.

O problema da dor ou do sofrimento psíquico é, portanto, o problema central. Nós sabíamos disso há muito tempo, mas somente com os trabalhos citados é que começamos a decifrar o enigma que representa a dor psíquica. A experiência enigmática da dor psíquica foi sempre considerada por Freud uma espécie de fio no tecido de toda sua obra. E penso que esse enigma do sofrimento psíquico é um dos aspectos, talvez o mais importante, do mito de Édipo, sob a forma de ameaça de morte (psíquica) encarnada pela Esfinge, e para a qual não há senão uma resposta: o conhecimento do desenvolvimento e o desenvolvimento do conhecimento. Em certos pacientes, tudo se passa como se o próprio conceito de desenvolvimento, no sentido de sua transformação, não pôde ser elaborado.

A primeira chave do enigma do sofrimento psíquico foi descoberta por Freud a partir de uma ideia de Otto Rank, quando ele estabeleceu que, na melancolia, a relação de objeto perdido correspondia a uma relação com caráter *narcísico*. Mas o termo "narcisismo" prestou-se a muitas confusões. É dessa maneira que, em geral, denominamos narcísicos os pacientes que, de fato, não puderam estabelecer seu narcisismo, no sentido frequentemente utilizado como narcisismo sadio, que definirei como um conceito e um amor de si próprio suficientes para permitirem o desenvolvimento. Um objeto narcísico pode, igualmente, ser definido como um objeto cuja presença e função são sentidos como indispensáveis ao desenvolvimento, em particular ao desenvolvimento de um conceito e de um sentimento de identidade próprios. Um objeto narcísico é, seguramente, sentido como, ao mesmo tempo, uma parte de si, e sua perda não elaborada é vivenciada como um traumatismo, podendo engendrar toda sorte de perturbações, sofrimento, depressão, despersonalização etc. O protótipo do objeto narcísico é, evidentemente, em primeiro lugar a mãe em relação à criança, mas, o pai também é, igualmente, objeto de investimentos narcísicos da parte da criança. Quando o objeto narcísico não pôde desempenhar suas funções para a criança, quaisquer que tenham sido as razões, a criança desenvolve defesas que podem ser consideradas substitutos inadequados do desenvolvimento, que não puderam se realizar, e que são frequentemente descritas como defesas narcísicas, o que reflete as ambiguidades da utilização desse termo.

Somente após a descrição da identificação projetiva, inicialmente feita por M. Klein em seus aspectos defensivos e patológicos e, posteriormente, por Bion em seus aspectos "normais", ou seja, desenvolvimentistas, é que a natureza da relação de objeto narcísica foi elucidada. Na descrição de Bion, a relação narcísica primitiva do bebê com sua mãe está baseada na fantasia onipotente de identificação projetiva, isto é, a capacidade de projetar na mãe os "sentimentos que ele não quer em si mesmo, ou os sentimentos que ele quer encontrar na mãe". A mãe recebe essas projeções graças à sua própria capacidade de identificação com a vivência do bebê e, por meio do que Bion chamou sua "capacidade de rêverie", transforma essas projeções e devolve-as ao bebê livres do excesso de angústia ou de sofrimento que elas contêm. Essa comunicação, hoje descrita frequentemente em termos de interação mãe-criança, é a base do desenvolvimento da simbolização e do pensamento. Em consequência disso, Bion pôde escrever que "a atividade que chamamos 'pensamento' é a origem do procedimento, visando aliviar a psique do acréscimo de estímulo". Essa função maternal corresponde, portanto, à função de para-excitação, descrita por Freud. Penso que é a interiorização dessa função e de uma boa relação continente-conteúdo que forma as bases de um narcisismo sadio, correspondendo ao estabelecimento de uma espécie de "pele psíquica" (E. Bick), que reúne e contém os diversos aspectos ainda instáveis e frágeis do self infantil. Bion esclarece que uma das funções essenciais da comunicação primitiva entre a mãe e o bebê, por intermédio da identificação projetiva, diz respeito "à modificação dos medos infantis", em particular, as angústias de aniquilamento, o medo de morrer, por exemplo, de morrer de fome ou de frio que encontramos, com frequência, na clínica; em particular, entre os pacientes borderline e psicóticos.

Fui levado a repensar a teoria psicanalítica do trauma a partir da constatação de que, em certos casos, o término da análise permaneceu impossível, menos em consequência de uma simples repetição dos aspectos traumáticos da separação, pois, eles haviam sido longamente analisados, mas muito mais em razão da intensidade muito marcante do sofrimento psíquico experimentado, diante da perspectiva do fim da análise. Somente quando o processo analítico foi bastante aprofundado, e em face da ameaça de separação definitiva entre analista e analisando, é que pudemos ter, em seguida, a *revelação do sofrimento psíquico*, anteriormente mascarado pelas defesas, e que também pudemos avaliar toda sua amplitude. O excesso intolerável do sofrimento pode até desencadear, agora, regressão e deterioração psicótica ou somática. Nesses casos, o ego não parece estar mais em condição de programar o sinal da angústia do perigo, que sua organização defensiva habitual lhe permitia desencadear, porque esse perigo é, assim, mais *intenso*; ele é, sobretudo, da ordem do *terror*, com sua característica mais paralisante do que o medo. Não se trata mais de um perigo vivido no interior da vida psíquica, mas de um perigo que ameaça a existência da própria vida psíquica ou, dito de outra forma, *um perigo de morte psíquica*. Minha hipótese é que o perigo, nesses casos, atua diretamente sobre a relação continente-conteúdo e coloca em risco a relação do ego com o objeto primário, que desempenha esse papel de continente, descrito por Bion, para as partes do self que não foram simbolizadas e que se encontram ainda em plena identificação narcísica, com o objeto. A defesa utilizada contra a ameaça de perda do continente é, agora, em geral, uma defesa de tipo autístico, sob a aparência de uma relação de identificação adesiva, como sugere a natureza catastrófica da angústia de separação, que desperta imediatamente o terror. São esses os pacientes que experimentam vertigens, fenômenos de despersonalização, que não conseguem deixar a sala de consulta etc. O ponto de fixação estaria, então, no nível de uma perturbação da relação primitiva do bebê com a capacidade de rêverie da mãe, que não permitiu ao bebê interiorizar, com suficiente segurança, a função continente do aparelho psíquico de sua mãe. A modalidade *depressiva*, que acompanha a existência de um núcleo de terror, ameaçando a própria vida psíquica, é o *desespero*: o sujeito tem o sentimento de apenas "sobreviver" em vez de "viver", e é a "sensação de desespero", segundo a expressão utilizada por A Hayna. J. McDougall deu numerosos exemplos a esse respeito, e F. Kafka pôde descrevê-la:

> *Aquele que, vivendo, não chega ao fim da vida, precisa de uma mão para afastar um pouco o desespero que seu destino lhe causa e, mesmo assim, ele consegue apenas imperfeitamente afastar o desespero, mas, por outro lado, ele pode escrever o que vê sob os escombros, pois os vê diferentemente e muito mais do que os outros, uma vez que ainda não está morto, ele está autenticamente vivo?*

Portanto, creio necessário levar em consideração a noção de dor e de sofrimento psíquicos, ao lado e distintamente da noção de angústia, mais frequentemente utilizada em psicanálise, pelo menos em análise de adultos. O verdadeiro sofrimento psíquico permanece frequentemente latente porque está mascarado pelos mecanismos de defesa.

No capítulo 13 de Éléments *de psychanalyse*, Bion evoca o problema da dor. Ele classifica bem a dor entre os elementos da psicanálise em virtude da ameaça que ela representa para a integração mental. Ele escreve: "Uma experiência de dor, suficientemente intensa, pode conduzir a um colapso psicótico". Direi que estou inteiramente convencido de que o excesso de dor psíquica constitui causa essencial - sem dúvida, a verdadeira causa - da ocorrência desse colapso. Depois disso, parece mesmo muito curioso que esse fato não tenha saltado imediatamente aos olhos. Sem dúvida, isso decorre do caráter bastante impreciso ou enigmático da natureza da dor psíquica; talvez também decorrente da orientação psicopatológica em excesso adotada pela teoria analítica, bem como da ênfase colocada por Freud sobre os aspectos energéticos da vida psíquica, em detrimento de seus aspectos qualitativos e emocionais, que são, afinal, os que realmente têm importância no psiquismo. Se distinguirmos, como proponho, a angústia do sofrimento psíquico latente, a função essencial de contratransferência do analista aparece como a função continente desse sofrimento latente muito mais do que a angústia manifesta, que deve poder se exprimir, articulada pela função continente da situação analítica. Acredito que, praticamente, essa função corresponde à atitude de fé evocada por Bion e que nos lembrou César Botella. A metáfora mística da fé evoca um estado de união, metapsicologicamente uma relação "simbiótica" na opinião de Bion, a que propicia um crescimento e um desenvolvimento mútuo dos parceiros, por oposição aos dois outros tipos de relação que ele descreveu: a relação comensal, que não dá lugar a um desenvolvimento, e a relação "parasita", que produz uma destruição mútua. É a relação simbiótica que permite as "transformações projetivas", as quais constituem o desenvolvimento psíquico. C. Botella perguntava se havia diferença ou complementaridade entre o modelo proposto por Freud e o proposto por Bion. Parece-me que o modelo proposto por Bion se apoia muito sobre a contratransferência do analista e sobre a função que descrevi como correspondente à contenção do desespero latente do paciente, de tal modo que a função parental é particularmente posta à prova nos períodos de crise do desenvolvimento, como ocorre na adolescência. A fé, nesse sentido, é tal que o desenvolvimento pode, contra tudo e contra todos, ser possível se for adequadamente sustentado. Penso, por outro lado, que existe sempre um sofrimento psíquico latente, mais ou menos próximo, mas que não tem êxito para alcançar o caminho do desenvolvimento. É por isso que o nível mais profundo da transferência se situa no interior dos processos de simbolização na busca de concepções novas sobre a vida emocional e de relacionamento: esse nível é indicado, por exemplo, nos mecanismos do sonho. Bion mostrou que o protótipo da situação de criação de novos símbolos era o vínculo entre a boca e o mamilo do seio, ponto de vista de D. Meltzer, que o descreveu como o teatro da criação dos sentidos.

René Diatkine advertiu para os perigos de quem se acredita detentor da verdade. Com toda razão, e penso que não seja necessário recorrer a Bion, que frequentemente insistiu sobre o fato de que a verdade última é, em si mesma, incognoscível. Parece-me que a verdade sobre a qual falamos, referindo-nos a nossos pacientes, é muito mais modesta, o que não quer dizer que seja fácil descobri-la: ela é a verdade da realidade psíquica. R. Diatkine nos diz que o analista introduz com o paciente "uma maneira de pensar diversa, que o ajuda a sair da repetição". Certamente, mas *qual* é a maneira diversa de pensar? Esse é todo o problema do trabalho de pensamento do analista e da natureza desse trabalho, sobre o qual Bion nos trouxe uma enorme contribuição original. Portanto, não estou inteiramente certo de que por trás "de formulações aparentemente opostas, encontremos uma prática idêntica", como R. Diatkine afirmou, sem dúvida, um tanto esquematicamente. Simon-Daniel Kipman lembrou-nos, em sua brilhante dissertação, algumas das formulações tão originais que Bion obteve com esforço a produção maior precisão dos conceitos analíticos, isto é, um "novo desenvolvimento necessário para a psicanálise".

Vejamos um exemplo dos novos esclarecimentos trazidos por Bion no domínio da interação analista e paciente. Bion denomina "transformações projetivas" as que, por meio da utilização "normal" dos vínculos de identificação projetiva mãe e bebê, permitem o crescimento psíquico no interior da relação continente-conteúdo: esse modo de transformação estabelece o mundo de relações, em contraste com o processo das transformações em alucinose que promove um mundo antirrelações. No trabalho que já citei, C. Athanassiou (1989) mostra como a essência das transformações projetivas é o sentimento de ser compreendido, que só pode nascer de uma interação: "trata-se da parte do self de projeção no objeto, e, da parte do objeto, da transformação desta projeção". Mas, em um primeiro momento, o objeto está tão identificado com a parte do self, que não sabe se o que ele experimenta vem de si mesmo ou do outro; é apenas no segundo momento que se situa todo o trabalho de metamorfose das projeções pelo objeto, que este objeto toma distância com relação ao que experimenta. Ele pensa nisso. Reconhece o poder que o outro teve de lhe transformar por um momento e retorna a si mesmo para sonhar com esta transformação. Dito de outra forma, ele reencontra sua identidade após tê-la perdido.

E o autor insiste, neste primeiro momento capital, ligado à "capacidade de tolerar admitir-se a si mesmo no lugar em que o colocaram", sem reagir imediatamente reproduzindo as projeções, "sem utilizar-se da transformação projetiva", que é própria da definição de "contraidentificação projetiva," descrita por L. Grinberg. Todo analista reconhecerá nesta descrição a própria essência do caráter duplo, receptor e criativo, da "capacidade de rêverie" da mãe, que é também a do analista na sessão, e que é a condição do desenvolvimento do processo analítico.

Do meu ponto de vista, uma pequena frase mereceria aqui longos desdobramentos: "A angústia que suscitou a projeção é projetada com ela". É, sem dúvida, o principal problema da economia do sofrimento psíquico, sobre a qual tenho insistido. Se neste primeiro momento, há um curto-circuito, a "transformação projetiva" não se produzirá e, em seu lugar, poderá se desenvolver um "terror sem nome". Em minha opinião, esta é a fonte principal dos distúrbios de desenvolvimento. Isso se produz, e em particular, constatamos frequentemente na clínica, quando o investimento do ambiente na criança é predominantemente de natureza mais narcísica que objetal. Nesse caso, os papéis são, de certa forma, invertidos, na medida em que é a criança que se torna, de forma predominante, um continente virtual ou mais frequentemente um lugar de expulsão da angústia ou do sofrimento psíquico dos pais. O self infantil é mais ou menos esmagado por essas projeções ou evacuações e sofre as maiores dificuldades para elaborar seus próprios limites. Confusões de todo tipo podem resultar disso e interferem gravemente nas necessidades de desenvolvimento, em particular, confusões de identidade e confusões entre pulsões libidinais e pulsões destrutivas, impedindo os processos de integração nos níveis posteriores da evolução. Por todas essas razões, penso que o objeto "bom" descrito por M. Klein corresponde ao conceito de objeto que permite o desenvolvimento.

Bion pensa que em toda personalidade existe um núcleo psicótico. Acredito que isso é sem dúvida verdade, porém, prefiro dizer que existe, no interior de toda pessoa, um núcleo mais ou menos secreto de desespero. Michel Schneider, no belo livro sobre Schumann que acaba de publicar, sob o título *La tombée du jour* (Ed. Du Seuil, 1998), também escreve: "Todos nós temos, guardada no fundo de nós mesmos, uma dor a que não temos mais acesso (...). A dor é um sofrimento que não encontrou ninguém para vivê-la. É o mal que nenhum ego pode considerar ou pensar, o mal sem nome, sem face, o mal de ninguém."

A patologia mental resulta, em última análise, da tirania exercida pela parte psicótica da personalidade, isto é, pela violência das defesas contra o desespero latente, sobre o conjunto dessa personalidade. Essa tirania obstrui os processos de projeção e introjeção e, portanto, o desenvolvimento. Em *Sexual States of Mind* ("Les structures sexuelles de la vie psychique", Payot, 1977), D. Meltzer inaugurou a exploração analítica do conceito de "tirania" na vida psíquica, enquanto fenômeno social. Ele incorporava a tirania na vida psíquica, essencialmente à existência de uma relação complementar, a uma parte má, destrutiva do self, dominante, pelo terror, e explicava a grande dificuldade em renunciar a essa submissão pelo medo em face da perspectiva de perder toda a proteção contra o terror subjacente. Segundo Meltzer, isso provinha da existência, na mente, de objetos mortos e aterrorizantes que, em última análise, representavam os bebês internos da mãe interna. Penso, cada vez mais, que esses objetos aterrorizantes podem também corresponder às partes "não nascidas" da personalidade e que o sujeito teme porque as vivencia carregadas de uma potencialidade destruidora considerável, à maneira dos buracos negros em astronomia.[1] Nos pacientes psicóticos e borderline, parece que existe,

---

1 Partes não nascidas da personalidade: assim denomino os aspectos de self que, nunca tendo sido contidos ou elaborados em uma "transformação projetiva", são lançados em uma espécie de buraco negro e são recobertos pelo desespero. Fazê-los nascer obriga o sujeito a enfrentar uma "mudança catastrófica", acerca da qual José Luis Goyéna enfatizou em sua comunicação. Estas "partes não nascidas" podem se aproximar das "partes pré-natais" descritas por Bion no tomo de Une Mémoire du Futur, intitulada: L'aube de l'oubli, segundo Bion, constituem a "parte somatopsicótica" da personalidade, elas têm a tendência a permanecer cindidas em partes pós-natais pela "ruptura do nascimento" e a permanecer em um estado de organização social primitiva, ao nível de uma mentalidade de grupo (anteriormente denominada por Bion "aparelho protomental," funcionando como "Hipóteses de base"). Ophélia Avron, em sua magnífica exposição, me fez associar seu conceito de "emocionalidade grupal rítmica" às primeiras formas de simbolização do feto intrauterino, que parecem surgir sob a forma de ritmos e de sons, primeiras inscrições daquilo que se transformará em dança e canto. Acredito que os caracteres descritos por O. Avron correspondem aos aspectos positivos do grupo, funcionando como um bom continente uterino para as partes pré-natais da personalidade. Nós

com efeito, um terror latente, e as "partes neuróticas" da personalidade, segundo a terminologia de Bion, devem constantemente "administrar" a parte psicótica para não desencadear suas reações tirânicas. Mas, parece-nos, ainda hoje, que este "tirano", idealizado como possuindo uma espécie de perfeição, onipotente e onisciente, representa, na verdade ele mesmo uma defesa contra o perigo, ainda maior, da perda total do núcleo do sentimento de identidade, do sentimento de ser, angústia que aprendemos a reconhecer graças aos trabalhos de E. Bick sobre a identificação adesiva, e aos de F. Tustin sobre as crianças autistas. Isso constitui, portanto, uma mudança radical de perspectiva, que coloca, na origem da patologia mental, uma falha traumática das primeiras relações de objeto, entravando o próprio nascimento da vida psíquica, muito mais do que a existência inata de uma pulsão de morte.

A hipótese de bipolaridade das pulsões, de Freud, não me parece mais necessária, ela parece, na verdade, contrária ao que a clínica das perturbações precoces nos mostra hoje com o estabelecimento das relações de objeto. Nesses casos, com efeito, constata-se, sobretudo, que as transformações em alucinose, e o mundo dos antivínculos que elas entretêm, suscitam uma espécie de defesa da sobrevivência, uma defesa desesperada contra a ameaça de aniquilação total, equivalente a um suicídio do self, que deve sacrificar suas potencialidades de desenvolvimento à tirania das defesas psicóticas. A violência dessa tirania dá a medida do caráter absolutamente intolerável do sofrimento psíquico latente nesses indivíduos: já fiz a hipótese, de que isso traduz a violência do desespero latente muito mais do que a ação da pulsão de morte inata. Isso só aparece uma vez que o tratamento permitiu que se

---

sabemos que o grupo também pode ser utilizado de maneira negativa, como defesa contra o pensamento, sob a forma de submissão e obediência automática às hipóteses de base do grupo familiar ou social, que dispensam ter de enfrentar as dores do desenvolvimento pessoal.

instalasse um início de confiança no objeto, isto é, que o analista se sentisse por si só, constantemente acuado pelo desespero. Os tormentos contratransferenciais vividos por tais pacientes representam um verdadeiro combate de Davi contra Golias. Parece que, com frequência, nesses casos, o paciente consegue provocar uma "crise" no analista, obrigado a reagir ao caráter intolerável do sofrimento que lhe é imposto, como se fosse a única maneira para que o paciente se desse conta de que seu próprio sofrimento poderia ser recebido por outro ser humano, e de começar a fazer também ele mesmo sua entrada na comunidade humana desejosa e sofredora.

Os trabalhos sobre a psicose nos imergem no âmago do sofrimento mais profundo que pode viver um ser humano. E, ainda como Bion mostrou, subiste nos psicóticos aspectos neuróticos, aguardando um aliado para conduzir a revolta contra a tirania. Talvez, mesmo contrariamente ao que poderíamos esperar, existe no "funcionamento alfa", isto é, no pensamento, alguma coisa indestrutível, pelo menos durante certo tempo, apesar de todos os ataques que ele possa sofrer, como parecem demonstrar as experiências insólitas, pelas quais certos seres humanos podem passar, por exemplo, certas crianças ou certos artistas. O apetite pela verdade é nutriente do espírito, segundo Bion, na medida em que encontre condições mínimas para se sustentar e desenvolver-se, poderia finalmente mostrar-se mais forte do que todas as tiranias.[2]

2 Estas linhas foram redigidas 3 semanas antes da queda do muro de Berlim (1989).

10. Místico, conhecimento e trauma

Introdução

Parece-me que a última parte da obra de Bion orienta-se sobre preocupações mais místicas. Mas não se trata nem de retrocesso nem de regressão. Bem ao contrário, está na linha de trabalhos de Freud mais chocantes e que mais incomodam até hoje[1], como *Avenir d'une illusion* e de *L'homme Moïse*. Ele passa pelo crivo da psicanálise esta necessidade essencial do homem, de dar um sentido ao seu mundo.

1 Em homenagem a W. R. Bion. Texto redigido após a exposição oral apresentada por um de nós, por ocasião da Journée, consagrada a Bion.

Místico conhecimento e trauma

César Botella e Sara Botella

A última parte da obra de Bion se orienta, parece-nos, para preocupações mais místicas. No entanto, não se trata nem de um retorno ao passado, nem de uma regressão. Muito ao contrário, está no nível dos trabalhos mais instigantes, os mais desconcertantes ainda hoje de Freud, como o *Futuro de uma ilusão* e *Moisés e monoteísmo*. Ele procura passar pelo crivo da psicanálise essa necessidade essencial do homem, ou seja, a de dar um sentido a seu mundo.

Sublinhar a importância ou impacto (l'enjeu) que representa, na evolução da teoria freudiana, o desenvolvimento dado por Bion à noção de místico, essa é, pareceu-nos, para nós que não somos particularmente, como se diz, kleinianos ou bionianos, mas, sobretudo, vinculados ao pensamento freudiano e aos desenvolvimentos que ele contém em potencial, a melhor homenagem que nós poderíamos prestar a Bion.

Na teoria de Bion, a noção de místico se situa no eixo (à la charnière) do processo psíquico da interpretação analítica e no eixo do processo da descoberta científica. Trata-se de um conjunto, o conhecimento, cujo início é inseparável da démarche mística. Nós realçaremos daí duas ideias centrais. A primeira é que a "observação analítica não pode certamente se permitir de ater-se apenas à percepção do que é somente verbalizado". A segunda – inspirada, entre outros, em Freud no "L'abrégé de psychanalyse" ao afirmar que a "realidade permanecerá sempre desconhecida" – é que o ser humano não pode ter acesso ao conhecimento do objeto em si; ele não pode conhecer senão emanações, qualidades emergentes, características em evolução que repercutem sobre ele enquanto fenômenos; porém, essas qualidades sensíveis e perceptíveis, verbalizáveis ou figuráveis, diferem da "realidade última" do objeto. Existe em todo objeto de estudo uma essência, noumène ou coisa em si no sentido kantiano, a qual permanece inacessível ao observador, isso em função das próprias características do aparelho psíquico, de sua incapacidade para apreender fenômenos não sensoriais, em função da natureza da "realidade última", da "verdade última", do paciente para o analista, ou do objeto de pesquisa para o cientista. Essa realidade ou verdade última é designada por Bion como o "ponto O"; dele, nós não podemos conhecer senão suas transformações ou evoluções. Entretanto, Bion pensa que se deve tentar alcançar este além ou aquém da sensorialidade, do representável, do pensável; e que o único meio de realizá-lo é por intermédio da démarche do místico.

De modo similar ao místico, o analista deve seguir, segundo Bion, "por um esforço do ego", uma "disciplina positiva", "rigorosa", que consiste em impor-se renúncias – os célebres três nãos de Bion. Renunciando a toda memória, a todo desejo, a toda compreensão, o analista tem acesso ao que Bion qualifica como "ato de fé". Nessas circunstâncias, ele entende que o essencial do encontro analítico é o esforço do analista para atingir o ponto O do paciente, pour "ne faire qu'un avec O", para "ser O", um "estado de união". O mesmo deveria acontecer para qualquer processo de descoberta científica.

Ao reabilitar a noção de místico, Bion se coloca dentro de uma corrente de pensamento desprezada pela ciência positivista e pelos cientistas. No século XIX, se alguém se interessava pelos místicos era, sobretudo, para criticá-los de forma contundente, e não para recolher ou examinar sua sensibilidade. É o momento do grande direcionamento do pensamento à ciência, e o termo "místico", e com ele em parte a filosofia hegeliana, é relegado ao domínio do irracional, tornando-se sinônimo de obscurantismo.

O impacto da démarche de Bion é, portanto, de grande magnitude. Para que possamos medir seu alcance, é útil lembrar a definição do termo "misticismo" no vocabulário de Lalande: "Crença na possibilidade de união íntima e direta do espírito humano ao princípio fundamental do ser, união que constitui simultaneamente um modo de existência e um modo de conhecimento singular e superior por comparação à existência e ao conhecimento normais".

Eis aqui, por conseguinte, que o místico é um problema maior e incontornável, não somente para o religioso – seria muito cômodo reduzir o problema do místico ao mundo da religião – mas também para o cientista e para o psicanalista, ele que pretende conhecer o "princípio fundamental do ser". De fato, o problema do místico, enquanto "modo de conhecimento", é concernente à psicanálise desde suas origens, ao ponto que nós não podemos compreender sua importância em Bion; e mais globalmente na teoria analítica, senão a partir de seu estudo em Freud.

Freud utiliza o termo "místico" de uma maneira crítica até as formulações da nova teoria das pulsões e da segunda tópica, nos anos 1920. Tendo em vista que o contexto científico não era mais aquele do século XIX e que a ciência acabava de sofrer o impacto, como é sabido, das descobertas de Einstein, esses fatos devem ter influenciado de forma importante acerca da evolução do pensamento de Freud. A teoria da relatividade, colocando em questão os princípios da física e da mecânica newtoniana, assim como a concepção do espaço e do tempo, não podia passar despercebida àquele que pretendia explicar o funcionamento do psiquismo segundo os modelos da mecânica de Newton: os diferentes movimentos se articulando prioritariamente em função das pressões do passado, com um desenvolvimento linear e reversível no tempo. Do mesmo modo que os postulados newtonianos, esta concepção de Freud se evidenciará insuficiente para dar conta do crescimento da teoria analítica.

Com segunda tópica, Freud opera o que nós denominaremos de bom grado um "descentramento da noção de sistema inconsciente recalcado". Agora, fazendo parte do vasto território que é o Id, o inconsciente terá, por referência ao que ele era, um papel um tanto relativizado. A psiconeurose, enquanto modelo de estrutura organizacional do psiquismo, sofreu as mesmas influências. A esse fato se acrescente que, ao mesmo tempo, Freud descobre o impacto econômico e dinâmico da neurose traumática e sua presença, seja na estruturação da própria psiconeurose, seja no seio do funcionamento psíquico normal. O que Freud compreende é que, quando as circunstâncias o exigem, o psiquismo tem a potencialidade de descarregar-se repetitivamente, sem participação das representações, com um ocultamento dos tópicos e do funcionamento psiconeurótico, permitindo a percepção de se transformar em alucinação; é a neurose traumática. A partir de então, uma concepção do místico está accessível a Freud: ele poderá dizer, em 1922, nas "Novas Conferências", que a démarche mística, ela também, é um ocultamento psíquico, suprimindo com ele a temporoespacialidade .

Todavia, Freud vai mais longe. Nesse mesmo texto, ele preceitua que os "os esforços terapêuticos da psicanálise incidem no mesmo ponto" que a démarche mística, e "que possível de obter por certas práticas místicas a modificação das relações normais entre os diferentes distritos psíquicos particulares, de modo que a percepção pode conceber relações no Ego profundo e no Id, que, de outra forma, lhe teriam sido inacessíveis". Da parte do criador da psicanálise, essa possibilidade de alcance do místico a partes que não são acessíveis senão por seu intermédio é uma constatação corajosa dos limites de sua disciplina, como praticada naquele momento.

O pensador místico funciona, então, na concepção freudiana, com o equipamento psíquico habitual, que, entretanto, sofrendo um ocultamento dos tópicos psíquicos, aproxima-se da neurose traumática: apenas, em lugar e vez da descarga alucinatória repetitiva de uma percepção dita traumática, o pensador místico teria a singularidade de conferir à percepção uma nova capacidade. É, assim, tentando compreender o que significa essa eficácia psíquica que alcança "aquilo que está inacessível", que nós poderemos melhor apreender a démarche do místico.

A surpreendente qualidade da percepção evocada por Freud é, sobretudo, difícil de precisar, porque ele verdadeiramente jamais tomou cuidado de definir o que ele entendia, em metapsicologia, pelo conceito de percepção; ele se preocupou essencialmente pelo conceito de representação, de palavra e de coisa. Em todos os domínios, a noção de percepção comporta certa ambiguidade, incluindo uma função; o ato pelo qual se exerce essa função; seu resultado. De sua parte, Freud não escapa a essa ambiguidade; porém, ao longo de sua obra, ele associa a percepção à consciência sob a forma de um sistema, o pré-consciente-consciente, que ele localiza na periferia do aparelho psíquico; um sistema dotado de uma energia livre, ou no mínimo móvel, e oposta aos sistemas dos traços mnemônicos e das representações que são o pré-consciente e o inconsciente. Todavia, quando em metapsicologia queremos abordar a percepção separadamente do sistema pré-consciente-consciente, devemos concebê-la como aquilo que se situa topicamente fora das representações; ou, ainda, como aquilo que escapa à dinâmica dos investimentos das representações e, por consequência, igualmente à dinâmica da psiconeurose. Somos obrigados a defini-la não por suas qualidades, mas pelo que ela não é, ou seja, pelo negativo. Do ponto de vista do analista, percepção, em relação à realidade, permanece "sempre desconhecida"; ou, dito de outro modo, ela não pode ser definida senão em função de um real inteiramente desconhecido.

Ao mesmo tempo, devemos levar em consideração que, no ego e no id, Freud considera a alucinação "indiscernível da percepção", o que aparentemente é uma evidência; porém, à reflexão, essa afirmação se revela de certa complexidade porque uma alucinação pode ser sentida como "real" pelo sujeito, sendo para ele perfeitamente discernível do que ele considera habitualmente uma percepção. O que nos interessa aqui é que a equivalência afirmada por Freud entre alucinação e percepção é válida nos dois sentidos e, sobretudo, acentuar que, para o analista, a percepção não faz sentido senão por referência e em contraste com a alucinação e a representação.

Existe uma dinâmica representação-percepção-alucinação que começamos apenas a antever. Diante de toda percepção, o funcionamento do psiquismo é tal que, de imediato, ele se empenha em conferir-lhe um sentido conforme o conjunto dos sistemas de representações e da psiconeurose a fim de integrar-lhes. Queremos dizer que, a partir do momento que uma percepção se apresenta, o psiquismo tenta imediatamente, no ato (sur le champ), vinculá-la aos sistemas significantes; se isso não ocorre, a percepção topicamente sem representação (hors-représentations), com uma tendência a provocar o ocultamento dos tópicos, encontrar-se-ia dotada de uma potencialidade traumática e de uma qualidade alucinatória. A percepção, do ponto de vista do analista é, por essência, de natureza traumática. No entanto, devemos nos explicar em relação a este último ponto. Tentamos mostrar antes que, na realidade, a neurose traumática não é uma simples repetição alucinatória de uma percepção dita traumática, mas a consequência de uma desorganização psíquica, de um apagamento dos tópicos, que se produz quando os sistemas de representações se mostram incapazes de dotar a percepção de sentido. Produz-se o que nós qualificamos de não representação, um estado de não investimento, uma brutal liberação de energia. Freud concebeu o estado de angústia, l'Hilflosigkeit, como um estado extremo caracterizado fundamentalmente pela falência do psiquismo de obter representação diante da angústia; é uma não representação, e não uma percepção de ausência, o que desorganiza a mente. Secundariamente e pouco a pouco, a psique poderá preencher o "vazio" da não representação e ligar a energia por intermédio da repetição alucinatória de uma percepção investida de modo progressivo de um sentido, eventualmente da ausência.

Em metapsicologia, a percepção tem, então, toda a sua ambiguidade de função, de ato, de resultado; mais precisamente, devemos considerar uma dinâmica trabalhando permanentemente entre um polo traumático e o resultado de um trabalho de transformação agindo sobre este; ela é para ser vista como uma das dinâmicas possíveis de um "organismo vivo" sujeito às leis complexas, cujo funcionamento espontâneo conduziria, diante do mesmo problema e sem a intervenção do trabalho de prova de realidade, à satisfação alucinatória do desejo. A percepção "é que sobra" quando a dinâmica da satisfação alucinatória é desprovida do direito de morada no psiquismo; ela é o que se produz quando a energia não pode nem tomar emprestado o caminho imediato da descarga alucinatória e/ou traumática nem aquilo que Freud denomina em "A Interpretação dos Sonhos", o caminho alternativo (le chemin détourné), a via mediata de investimento das pequenas quantidades ligadas da representação e do pensamento. A percepção seria, então, aquilo que, não sendo nem representação nem alucinação, é investido pelo psiquismo como separação indispensável entre eles. Esse investimento se faz menos em função de um princípio de realidade pretensamente objetiva do que em função de um princípio de realidade, como diz Freud, modificação do princípio do prazer, ainda tributário dos desejos inconscientes do id e do superego, impregnado dos embates conflituais intrapsíquicos, notadamente aqueles da neurose infantil. Um princípio que força o psiquismo a criar simultaneamente duas qualidades específicas, complementares e opostas, a representação e a percepção, as quais provocam uma dupla cesura na indiscernibilidade original percepção-alucinação, uma dupla distinção necessária para a manutenção da diferenciação com a alucinação. Essas duas qualidades psíquicas tão fundamentais, a representação e a percepção, constituem duas dinâmicas cujo equilíbrio remete ao exercício particularmente delicado e complexo do trabalho de prova da realidade, que começamos a estudar em outra parte.

Agora, podemos apreender melhor o problema do místico. O estado místico seria um estado psíquico particular que permitiria uma aproximação ou apreensão da zona de não representação, de não investimento da mente. Trata-se de uma solução original: o místico, quer ele seja extremo-oriental, souffi, ou um São João da Cruz prescrevendo a separação das emoções, do pensamento, dos desejos, das lembranças, isento de toda representação e de todo investimento, transforma o mundo da perda e de medo do terror, que a isso se liga, em sentimento de plenitude, em estado de união. O trauma do não investimento e da não representação é evitado em proveito de um estado alucinatório de felicidade. O místico, visto pelo vértice do modelo da satisfação alucinatória do desejo, adota a saída alucinatória da neurose traumática – veremos mais adiante como –, tendo como pano de fundo a busca de uma verdadeira modificação de ordem psíquica, uma evitação do conflito, da sexualidade e do trauma infantis – o que é evidentemente incompatível com a prática analítica.

Que relação tem isso com a prática de Bion? É preciso não fazer confusão entre o estado de união místico, tal qual acabamos de descrever, e a preocupação de Bion em atingir a "verdade última". Talvez por associar muito sua prática e o modelo místico, Bion corra o risco de induzir-nos em certo erro quanto ao pensamento que ele quer nos transmitir. Entretanto, desde que não nos deixemos fascinar pela grande sedução da ideia de êxtase, de união – seja com Deus, com o universo, consigo mesmo ou com o paciente -, podemos compreender que a prática mística não é ou quer nos parecer outra coisa senão uma forma particular de funcionamento psíquico, o funcionamento regressivo. Nesse sentido, podemos encontrar algumas raras passagens em que Bion as exprime melhor em termos de regressão do que em termos místico; porém, coisa curiosa, sem as aproximar: "É preciso notar", dirá ele, "que a submersão, no analista, de lembrança, desejo e compreensão parece não somente ir ao encontro do procedimento corrente, mas estar próxima também daquilo que espontaneamente aparece no paciente regredido". Bion será ainda mais preciso no ponto em que conclui: "Perigos reais (para o analista) aí estão associados; daí que o procedimento aqui esboçado é recomendado apenas aos analistas cuja própria análise foi conduzida bastante profundamente!".

Minha opinião é que, mais que "perigos reais para o analista", o que está em jogo são angústias de ordem particular, contra as quais a própria análise do analista, por mais aprofundada que ela tenha sido, não pôde lhe preparar porque a organização da sessão e a economia do trabalho analista-analisado são justamente uma proteção para este último. Essas angústias são fenômenos de inquietante estranheza que se desencadeiam no momento de aproximação da via regressiva do funcionamento psíquico, isto é, a regressão formal do pensamento. Contra a ameaça da perda do sentimento de alteridade gerada por essa forma de regressão, o analisando é relativamente bem preservado pela presença nele da regressão libidinal inerente à transferência que alimenta o trabalho das representações e da memória, com o reforço dos investimentos libidinais de objeto que conhecemos. No analista, ao contrário, não acontece a mesma coisa, por pouco que ele abandone essas dinâmicas ou, como diz Bion, renuncie à memória, ao desejo e à compreensão. Com efeito, se nas condições econômico-dinâmicas habituais da sessão – facilitando particularmente a regressão formal diurna do pensamento com percepção sensorial em parte separada, como por ocasião do adormecer, e o psiquismo momentaneamente privado do arcabouço tempo-espacial e do pensamento racional – a regressão se assenta no analista até banir os investimentos das representações e das sensações, aí, sim, se pode produzir nele um apagamento dos limites do ego. Não é senão nesses momentos e a esse preço que o psiquismo pode atingir um estado de regressão formal do pensamento e, por meio dele, das qualidades de percepção "de outra forma inacessível".

As capacidades de regressão formal do pensamento, sabemos, são mais ou menos desenvolvidas segundo as diferentes estruturas psíquicas; elas podem estar ausentes em certos funcionamentos psicóticos e, sobretudo, operatórios. No que diz respeito à démarche mística, já dissemos antes, que, por intermédio do regresso, em face do mecanismo traumático da não representação, o místico "opta" pelo investimento alucinatório de uma vivência de união sublime com um ser idealizado, Deus ou o universo. Do nosso ponto de vista do psicanalista, essa vivência de união não pode ser outra coisa senão uma elaboração do efeito do desaparecimento do sentimento de alteridade, desaparecimento inelutavelmente concomitante à regressão formal do pensamento, quando ela se torna extrema. A energia liberada pela perda do investimento de objeto tendente à dor ou à alternativa traumática será domada "dompté", no místico, por meio de sua transformação em seu contrário: em vez e no lugar de uma percepção dolorosamente repetitiva alucinada, produz-se o florescimento da energia por sua transformação em feliz estado alucinatório de união com um objeto imaterial idealizado, substituindo o investimento de objeto real e de si mesmo. Trata-se de um mecanismo de negação de perda de objeto com resolução alucinatória, como se pode observar nos lutos patológicos, em particular na criança.

Mas, então, quando Bion insiste sobre o sentimento de união, o que é preciso entender por essa formulação? O problema não é simples, e devemos tentar sua apreensão de forma precisa. No contexto teórico de Bion, "estado de união" remete simultaneamente às noções de místico e de gênio; estas duas entidades (ou conceitos) sendo consideradas por ele como idênticas, notadamente em seus vínculos com o grupo. Se, indiscutivelmente, estamos de acordo com Bion por afirmar uma base comum a ambos, isso como ponto de partida, segundo o nosso ponto de vista, a regressão formal do pensamento não é menos verdadeira do que divergências fundamentais quanto aos resultados respectivos de suas démarches que parecem se opor.

Visando aprofundar a questão, uma passagem pela obra de Freud faz-se novamente necessária. Entre 1932 e até o final, a teoria freudiana passou por uma sutil evolução a qual ainda estamos longe de esgotar toda a riqueza que contém. Essa evolução teria permitido a Freud, em 1938, repensar a noção de percepção revelada pela prática e capaz de apreender "relações no ego profundo e no id", como "autopercepção obscura do reino, para além do ego, do id". Essa famosa frase tão frequentemente citada implica que Freud, em vez de uma união – para o crente, com Deus, ou, por outros místicos, com o universo – prefere compreender o fenômeno místico em termos unicamente intrapsíquicos de "autopercepção". É preciso, então, tomar essa definição ao pé da letra e conceber o resultado da regressão do pensamento sob a forma de uma autopercepção do id? Temos a impressão, neste caso, de que é preciso dar livre curso às hipóteses. Quando essa hipótese aconteceu, o emprego do termo "id" era provavelmente a única maneira, à época da publicação dos conhecimentos de Freud em 1938, de exprimir em linguagem metapsicológica sua compreensão da prática mística. Parece-nos evidente que, utilizando o termo "id", Freud queria não somente reduzir o problema a um fenômeno intrapsíquico, mas também vincular ao que, no aparelho psíquico, não é nem sistema pré-consciente e processos secundários nem inconsciente dinâmico, nem processos primários; portanto, ele o compreende independente de tudo aquilo que no psiquismo é estruturado e organizado. Para ele, em consequência de tudo isso de que tomamos conhecimento, a démarche mística remete a zonas de desorganização psíquica, a uma zona "obscura" autopercebida pelo que não são os órgãos sensoriais habituais nem seus equivalentes intrapsíquicos; com efeito, na mesma data de julho de 1938, ele escreve no L'abrégé de Psychanalyse que "O id isolado do mundo exterior tem seu próprio universo de percepção". Pensamos que Freud tenta, dessa forma, abordar o estudo de uma percepção diferente daquela do sistema pré-consciente – consciente, um estado no limite de o psíquico apto conter o que atualmente condensamos sob o termo "de não representação".

Ao negar perda, nós dissemos, o místico transforma a dor do não objeto em um estado de união alucinatória, o terror em êxtase. O gênio, ao contrário, seria aquele que, reconhecendo o trauma e a dor, faz face ao sentimento de inquietante estranheza que desperta a aproximação da perda de todo investimento; ele tenta, assim, "perceber obscuramente" no domínio do não objeto e da não representação e, por seu intermédio, apreender o que poderia lhe dar figura e sentido. Se Freud fala de "autopercepção", é talvez porque, com o desaparecimento do investimento de objeto e da alteridade inerente à regressão formal do pensamento, o gênio que "opta" por permanecer observador, sem se diluir no sentimento de união místico, adquire a capacidade de "perceber" o observado "nele próprio". Mais exatamente, quando a alteridade se apaga, o ato de perceber e seu resultado tornam-se indissociáveis, observador e observado indistintos, sem que, por esse fato, produza-se um "estado de união". Trata-se de "autopercepção" de uma inteligibilidade sem investimentos objetais e narcísicos, sem processos primários e secundários, como se suspenso entre eles; uma inteligibilidade sem representações, uma janela sobre o desconhecido. Então, onde o "estado de união" é afastado em proveito da autopercepção, o caminho se abre à descoberta. Para um trabalho de figurabilidade diurna, o observador pode figurar, dar sentido, colocar em representação o que até então estava nele como pertencente ao domínio da não representação – Bion falaria de "verdade última" de objeto. Assim, parece-nos claro que se a prática analítica não pode, em nenhum caso, ser diretamente ligada àquela do místico, pelo menos do modo como concebemos esta última, em compensação, em certos momentos e em vários pontos, ela pode ser parecida com a démarche do gênio.

Se nos pareceu indispensável lembrar o problema da relação de Freud com o místico e sua evolução, foi para refutar a ideia meio simplista que reduz a importância do místico na teoria de Bion a uma espécie de hobby particular, a uma consequência das influências recebidas em sua infância na Índia, ou a seu interesse pelos místicos, sofridos, sobretudo nos parece, ou ainda o impacto que causou em Londres, após a Guerra, uma personalidade como Krishnamurti. Mesmo que possamos pensar que o peso da mística na teoria bioniana é consequência do fato de que Bion tinha, ele próprio, um espírito místico, isso não diminui em nada a importância do problema, levantado por sua obra, das relações da prática analítica com a démarche mística. Não mais do que a ideia de que Freud, sendo um grande neurótico, não serviria para desacreditar suas descobertas sobre a neurose. É importante admitir que o papel que, no seio de sua teoria, Bion dá à mística, situa-se em linha direta com a evolução da obra de Freud. Bion também efetua um retorno a Freud.

Isto dito, Bion preconiza uma prática analítica que se distancia da de Freud. Enquanto, na concepção de Freud, o psiquismo do paciente é governado pela pressão de sua memória reprimida, por seus desejos inconscientes e que a cura é definida pela neurose de transferência e sua vinculação com memórias e desejos inconscientes contratransferenciais, Bion, em contraste, pensa que "lembranças e desejos são iluminações que destroem a observação"; ou ainda que "a importância do inconsciente não deve nos cegar"; afirmações que testemunham sua vontade de não ocultar a diferença com Freud. Ele falará mesmo de sua prática analítica como uma análise "diferente" e "complementar", criando esse afastamento teórico-clínico por relação a Freud que cada analista é obrigado a se interrogar e a tomar posição. A prática freudiana e a prática bioniana são realmente "complementares", como pensa Bion? É apenas uma questão de profundidade, ou de vértice? Alguns, baseando-se na ideia de que a prática analítica não poderia ser senão aquela que revela o inconsciente, têm condenado globalmente o pensamento de Bion.

Em realidade, o problema com o qual nos confronta o pensamento bioniano transcende muito a questão de sua prática analítica. O impacto teórico é mais fundamental, aqui, do que com outros teóricos, em função da importância relativa do inconsciente reprimido na obra de Bion. E, mesmo se pensarmos que essa relativização não é senão consequência inevitável do descentramento do inconsciente operado pelo próprio Freud, isso não impede que a teoria de Bion contenha os fundamentos de uma crise da teoria psicanalítica, não seria isso senão no nível da noção de interpretação definida por Bion, sobretudo como "um acontecimento atual na elaboração do O, que é comum ao analista e ao analisando" não seria, repito, mais do que o meio de acesso a um desejo reprimido localizado no passado. Assim, Bion nos confronta com a dificuldade de continuar a pensar a psicanálise em função do que até então podia ser considerado como um só paradigma.[2]

Entendemos por esse paradigma os quatro pontos significativos seguintes: em primeiro, o desejo conflitual, inconsciente e reprimido, que, mesmo descentrado, permanece o ordenador; em segundo, o fato de que ele se origina no passado; depois, vem a noção de causalidade; e, em quarto, a complementaridade da reversibilidade da equação sintoma-conflito no passado, de onde vem o papel primordial da memória e do retorno da lembrança. Esses quatro pontos organizam a interpretação e fundam o paradigma freudiano. Ele está condensado na célebre sentença que abre e fecha a obra de Freud: em 1985, ele declara: "o histérico sofre de reminiscências"; ele a retoma, mais de 40 anos mais tarde, em 1937, quando descobre que, como o histérico, o delirante também sofre de reminiscências. Eis aqui a unidade marcante da obra de Freud.

Quanto a isso, quase que neste mesmo texto de 1937, Freud chegou a certa moderação sobre o alcance desse modelo, moderação que é simultânea ao descentramento do inconsciente dinâmico. Ele afirmará que o retorno de uma lembrança do passado não é sempre indispensável: a convicção que se destaca de uma construção pode alcançar o mesmo resultado que a rememoração – complexidade incessante inteiramente notada como a unidade de seu pensamento. Inserida nesse fulcro, a obra de Bion continua a interrogação do paradigma freudiano e confirma sua insuficiência, já suspeitada pelo próprio Freud, para dar conta de toda a extensão do psiquismo.

Quer sejamos bionianos ou não, a verdade é que se torna cada vez mais difícil sustentar uma concepção do funcionamento

---

2 Utilizamos o termo "paradigma" no sentido expresso por Thomas Kuhn: um conjunto de convicções compartilhadas pelos termos científicos de uma disciplina.

psíquico limitado aos únicos tópicos de Freud e à dinâmica do recalcamento das representações como decorrência. Outras dinâmicas podem ser tomadas em consideração, sem que por isso o edifício freudiano esteja ameaçado de ruir – do mesmo modo como a teoria einsteniana não destruiu a de Newton. É da natureza do pensamento de Freud expandir-se permanentemente. Nós falaríamos muito mais de um pensamento em expansão que corre o risco de definhar se abandona o espírito para se fixar na letra. Bion o percebeu com acuidade. Terminamos rendendo-lhe homenagem com uma última citação: "O domínio mental não pode ser contido no quadro da teoria analítica. Este é o sinal de uma teoria defeituosa, ou o sinal de que os psicanalistas não compreendem que a psicanálise não pode ser contida de maneira permanente no seio das definições que ela utiliza".

11. Bion e a convicção científica

Introdução

O estudo da dimensão científica do conhecimento místico e de sua importância bem particular em psicanálise é a parte mais controversa e a mais estranha da obra de Bion. Evidentemente, essa teorização de outra forma de conhecimento não pode ser feita nos mesmos termos que os empregados pelos conhecimentos religiosos ou os científicos objetivistas.

Essa dimensão teórica não pode se satisfazer da formatação quase obsessiva, que conduz a formulações resumidas, mas abstratas que empregamos para ela em termos de inspiração matemática ou com palavras da linguagem filosófica.

Portanto, convém pesquisar uma maneira tão falsa ou tão verdadeira – para exprimir os afetos. Uma maneira, sem dúvida, menos precisa, mas que fale ainda mais ao coração.

Em uma palavra, a poesia pode levar também a mensagem da psicanálise.

Bion e a convicção científica

Simon-Daniel Kipman

De todos os aspectos da obra de W. R. Bion abordados até aqui, este é um que suscita sempre muitas paixões e dúvidas. Alguns não hesitam em recusar a examinar as últimas etapas da reflexão de Bion, sob o pretexto de que quem escreve é um homem já velho e que seus desenvolvimentos não são claros o suficiente. Entretanto, tudo o que se situa em torno da mística pode ser considerado o coroamento da obra bioniana. Com efeito, todas as suas teorizações sobre a definição e os métodos psicanalíticos conduzem a traçar muito precisamente o limite entre ciência e a filosofia (limite muitas vezes ultrapassado tão rapidamente pelos psicanalistas contemporâneos) de um lado, e entre religião e psicanálise, de outro, reencontrando, dessa forma, a força e a vitalidade da mensagem freudiana.

No contexto que me é destinado, não posso demorar sobre certos pontos, no entanto interessantes e complicados. Do mesmo modo que Bion fazia com seus livros, também sugiro ao leitor que não se detenha em passagens que possam lhe parecer muito obscuras, mas que siga adiante na leitura. As coisas deverão se esclarecer de modo progressivo, eventualmente a posteriori, como em todo processo de pensamento.

O ângulo que escolhi, na obra de Bion, é o do pensamento científico e o da psicanálise considerada como ciência. Esse ponto de vista científico é um vértice, um ponto de vista entre tantos outros possíveis. Se a prática da psicanálise é eminentemente artesanal e artística, não é inútil nem indiferente tentar, desde o início, racionalizar uma parte, mas somente uma parte dessa arte de "intuição".

Ao mesmo tempo, podemos nos lembrar de que a teoria psicanalítica é ou deveria ser, ao máximo possível, científica. É, então, essa parte, esse aspecto que examinaremos.

Porque só podemos falar disso hoje, dez anos após sua morte. Sem dúvida porque é preciso certo tempo para que ideias novas ou inovadoras percorram um caminho no entendimento de um maior número de pessoas. Pode-se aplicar a W. R. Bion a frase de Max Planck que o próprio Bion cita nos *Clinical Seminars*: "Esta experiência me faz pensar que uma verdade científica nova não triunfa convencendo seus oponentes e mostrando-lhes sua luz, mas sobretudo porque os opositores morrem, e uma geração nova desenvolve-se, familiarizada com esta verdade".

A questão da cientificidade da psicanálise não é absolutamente nova, na medida em que a questão já se colocava no tempo de Freud e estava resolvida. Contudo, após certo tempo, um distanciamento parece acentuar-se entre as expectativas do público em relação à psicanálise e às respostas teóricas e, portanto, às suas aplicações práticas. De um lado, o campo de investigação progride, e as respostas parecem não evoluir. De outro lado, a necessidade aumenta, conduzindo os indivíduos cada vez mais a utilizarem métodos mais ou menos inspirados na psicanálise, mas, no fundo, afastam-se dela. Nitidamente, "parece que um novo desenvolvimento é necessário para ajudar a psicanálise, da mesma maneira que os matemáticos modernos contribuíram com o desenvolvimento da física" (Bion, 1974).

Esse desenvolvimento não consiste na invasão súbita de um método inédito, mas, sobretudo, na exatidão da formulação dos conceitos de base.

As referências e alusões que remetem à cientificidade da psicanálise são numerosas na obra de Bion e, portanto, não hesitarei em citá-las com frequência. Finalmente, suas formulações são mais concisas e precisas do que as que poderei inventar para parafraseá-lo.

Se a ciência ou a teoria cientifica são, diretamente, o resultado da razão pensante, o combate não é novo... e está longe de ser ganho, se é mesmo possível ganhá-lo. O triunfo da razão e o da ciência não é para amanhã. A vitória da felicidade sobre o sofrimento, do prazer sobre o desprazer, do nirvana sobre a tensão também não é. Isso não impede que possamos, constantemente, resistir ao apelo de novos combates, de novos assaltos e de novas descobertas.

Freud escrevia a Einstein: "Parece, portanto, que a tentativa que consiste em substituir a potência material pela *potência das ideias* se encontre, ainda no momento, destinada ao fracasso", o que não impede de tentarmos constantemente fazer progredir o pensamento dedutivo e lógico, em uma palavra, científica. O que caracteriza o sábio é menos a convicção indispensável de que ele pode ganhar do que conduzir o combate. De toda maneira, o espírito humano não pode abranger o conjunto dos fenômenos naturais. Portanto, não é questão de uma lei única e universal. Daí a importância da reflexão sobre as leis parciais, condicionadas aos vértices e a pontos de vista de origem. A psicanálise é um desses pontos de vista, que engloba, por outro lado, uma serie de vértices secundários.

Tentando ser claro, dividirei este texto em duas partes. A primeira, de aparência bastante prática, mas de consequências teóricas importantes. Ela diz respeito à precisão das definições e dos conceitos, à transmissão e à notação cientifica, à matematização.

A segunda parte parece muito mais teórica: suas implicações concretas, na conduta da cura, são imensas. Ela envolve a definição do ato de fé científico e o lugar que lhe é destinado na psicanálise.

Para alcançarmos esses objetivos, faremos um pequeno percurso que nos conduzirá à emoção necessária à conduta da cura, à sua redução e à sua racionalização. Em seguida, faremos um balanço entre a abstração e a matematização, o que nos conduzirá diretamente ao ato de fé, ato do pensamento científico, e a suas consequências sobre a absorção da emoção. Eu deveria escrever sobre emoções, as do analisando e as do psicanalista.

I

O que digo está endereçado a psicanalistas e falo de psicanálise. Mas, bem entendido, falo para todos aqueles que desejam me escutar e ler.

"É importante especificar as coisas. É importante para os analistas que a imagem pública do seu trabalho não seja deformada a ponto de produzir um clima de opinião que só poderá acrescentar dificuldades consideráveis às já existentes" (*Transformations*). Isso implica ser claro sobre o que se fala e sobre as palavras que se emprega. A teoria deve, então, ser clara e precisa: "A teoria visa facilitar a observação e o seu registro em termos que se prestem a uma manipulação científica mesmo na ausência dos objetos" (*Transformations*). Daí a minúcia, e mesmo a obsessão com que Bion retoma as definições das palavras e dos conceitos que emprega. Ele chega até a anexar, com ajuda de sua mulher, um glossário em sua obra mais literária, *A Memoir of the Futur*.

Nesse contexto, a teoria, assim formulada, é, ao mesmo tempo, antecipatória e, em conformidade com o tempo, indispensável como preliminar e motivo de toda observação e que interessa ao que podemos chamar de "processamento da observação".

Seguramente, essa precisão rigorosa se choca, particularmente, com numerosas dificuldades em razão do uso constante de analogias pelo pensamento. Essas analogias tão depreciadas como muito fáceis, e geradoras de erros, estão estreitamente ligadas ao trabalho (consciente e inconsciente) de simbolização, justamente do que se ocupa a psicanálise: "(...) estas passagens incessantes da analogia à formulação mais precisa, e de uma formulação mais precisa para uma analogia, ilustram algumas das dificuldades que tento identificar aqui" (*Transformations*).

A precisão dos termos remete a uma exigência básica: de que ponto de vista estamos falando? Parece muito claro que o ponto de vista psicanalítico se refere à dinâmica total da construção do discurso em função de subentendidos psicoafetivos; em uma palavra, o peso da transferência e da contratransferência na relação amadurecida, sua expressão no discurso do paciente e do psicanalista e em seus comportamentos.

Bem, a esse respeito, é preciso observar um ponto. Se o discurso do analisando é livre, tão livre quanto possível na sessão, o do psicanalista está submetido a uma dupla exigência semântica: a de utilizar, na sessão, a linguagem do paciente; e, fora dela, ser claro, racional e abstrato. É a parte "oulipienne" ([N.T.]. OuLiPo= *Ouvroir de littérature potencielle*; *refere-se ao ateliê de artesãos literários, oficina de artesãos*) do trabalho do analista.

Em uma exposição, não esgotaríamos a natureza do objeto da psicanálise. Bion concede a esse assunto toda a atenção necessária de alguém que viveu mais em um ambiente kleiniano. Mas em vez de definir sua natureza a partir de representações diversas, ele prefere insistir sobre a diferença entre o objeto da psicanálise e um objeto psicanalítico, sem falar de "objeto bizarro".

O objeto da psicanálise é o inconsciente; ou o funcionamento de um aparelho para pensar, representado como "inconsciente".

Algumas vezes, o objeto de uma ciência pode ser observável do ponto de vista dos sentidos, uma coisa. Trata-se, então, de uma ciência descritiva. No entanto, o objeto de uma ciência pode ser o conjunto hipotético das leis de funcionamento de objetos certamente definidos de uma só vez, mas cuja "realidade" não tem mais necessidade de ser constantemente interrogada.

Entretanto, um "objeto psicanalítico" é um fato escolhido durante a exposição de uma sessão, de uma cura.

Em todo caso, esse objeto científico é "não sensorial": o objeto psicanalítico é, entre outros, "uma seleção de sentimentos, de impressões, que parecem ligados entre si e coerentes" graças ao fato selecionado (*Aux Sources*). Portanto, não se trata, como na psicologia tradicional, do estudo dos sentimentos ou da expressão dos sentimentos pela fala ou pelos sentimentos, mas de um objeto complexo, então composto em torno de um "dado psi" desconhecido.

"O psicanalista deve ser vivenciado no quadro de realidades que não são do domínio sensorial; é necessário que ele possa ignorar uma experiência que decorre dos sentidos, como se apresenta quando utilizamos a memória" (*L'attention et l'interprétation*), memória que se manifesta como uma representação ou uma reconstrução sensorial e, em particular, visual, de dados afetivos e históricos.

"Se o aparelho mental está inquieto com elementos perceptíveis aos sentidos, ele está ainda menos apto a perceber elementos que não pertencem ao sensório" (*L'attention et l'interprétation*) que são pertinentes ao estudo da psicanálise sob o nome de "inconsciente".

Esse estudo chega a colocar em questão os objetivos da ciência psicanalítica. Os objetivos têm relação com uma eventual ação sobre o indivíduo destinada a dar-lhe mais capacidade no futuro. Isso permite melhorar a familiaridade do indivíduo com as suas capacidades e, portanto, com as emoções: "Eu admitirei que o aumento da intensidade do narcisismo acompanhe-se de um retraimento ou de uma concentração da emoção (...). Inversamente, a intensidade do socialismo se acompanha de um alargamento do espectro das emoções" (*Transformations*).

A emoção encontra-se, dessa forma, dotada de uma dupla posição: a do objeto científico, ou pelo menos indicador da presença do objeto científico, quer se manifeste no analista, quer se manifeste no analisando; mas também a posição de instrumento de investigação cientifica, particularmente sob a forma de intuição.

Para sustentar o campo da reflexão científica, importa diferenciar a implicação emocional que existe, e que é indispensável à dinâmica da cura, da observação ou, mais precisamente ainda, de sua exposição posterior.

O problema reside essencialmente na passagem, isto é, na transformação operada do estímulo sensorial para sua expressão verbal. Essa transformação é, ao mesmo tempo, longa e complexa, envolvendo múltiplos mecanismos, mas pode também ser considerada como uma mudança radical, um salto, uma "catástrofe". Um bom resumo dessa transformação manifesta-se na matematizaçao. "Um quadro é um objeto científico? E um relato? Sim, se ele for matematizável" (*Transformations*), isso porque "a matematizaçao é uma representação abstrata, inafetiva, das coisas" (*Transformations*). Apenas relativamente, mas, no momento, contentemo-nos com isso.

Dessa forma, a matematização é abstração ou, senão, um dos aspectos dela. Podemos imaginar que a poesia é um aspecto da abstração, mas muito mais difícil de ser utilizada na comunicação cotidiana dos cientistas, muito embora ela guarde sempre uma dimensão poética.

Matematização e abstração são, portanto, intimamente ligadas, porém, não sobrepostas. "A experiência original (...) é transformada (...) pela análise" (*Transformations*). Assim, da mesma forma ocorre com o material do analista, que é fruto da "experiência emocional das sessões" (*Transformations*).

O psicanalista é, então, submetido a um duplo constrangimento, a uma dupla submissão: "O psicanalista esforça-se em ajudar o paciente a transformar esta parte da experiência emocional, que lhe é inconsciente, em uma experiência emocional consciente. Assim fazendo, permite ao paciente alcançar um conhecimento privado". Essa é primeira tarefa a ser cumprida. A segunda vem a seguir: "Mas, uma vez que o trabalho analítico exige que seus resultados sejam comunicados a outros investigadores, o psicanalista deve transformar SUA experiência privada em UMA experiência pública" (*Transformations*).

Essa transformação se dá mais ou menos bem, por diversos meios, entre os quais, a grade ocupa um lugar interessante, na medida em que ela permite um relatório do desenrolar de uma sessão ou de uma cura, remetendo-nos "a categorias abstratas" (*Transformations*).

"É lugar comum dizer que toda tentativa de investigação científica implica certa deformação, na medida em que certos elementos devem ser realçados para permitir o aparecimento de seu significado" (*Transformations*).

Na cura, privilegiam-se, deliberadamente, os afetos e as pulsões e, por uma inversão radical, faz-se depois exatamente o contrário. É preciso, entretanto, admitir de bom grado, que encontramos analistas que fazem o inverso: são mais rígidos e racionais na conduta da cura ou mais desenfreados em suas construções teóricas posteriores. Por onde passa a clínica?

No esforço desse movimento para a abstração, "a abstração central não é senão um fenômeno porque, enquanto indivíduo, eu estou consciente de que me é útil postular a existência de alguma coisa que não tem existência, exatamente como se se tratasse de uma coisa em si" (Éléments *de Psychanalyse*), mas esse postulado não é um deus; retornarei a esse ponto.

Tudo isso passou pelo crivo da razão, que é uma alavanca.

"A razão é escrava da emoção, e é para racionalizar a experiência emocional que ela existe. A palavra tem por função dar ao outro uma comunicação, às vezes exata, às vezes deformada dessa experiência" (*L'attention et l'interprétation*). E Bion insiste:

"Uma formulação não tem a qualidade de uma abstração senão quando está separada do substrato sensorial inerente e essencial à memória e ao desejo" (*L'attention et l'interprétation*).

Detenhamo-nos agora sobre a matematização. Ela é, mais uma questão para os matemáticos que têm de encontrar, de inventar as fórmulas adequadas, que poderiam se aplicar às funções do pensamento, do que para os psicanalistas que, um dia talvez, aplicarão essas fórmulas. De qualquer modo, podemos dar algumas indicações.

"O sistema dedutivo-científico pode receber um aspecto ainda mais abstrato de modo a oferecer o equivalente do cálculo algébrico, que lhe representaria" (*Aux sources de l'expérience*). Esse cálculo é um jogo de variáveis. Cada elemento "é uma variável em relação a outras variáveis, que só podem ser expressas por meio de outras variáveis e cujo valor repousa sobre o valor das outras variáveis" (Éléments *de psychanalyse*), um pouco como "pontos e linhas perdem sua qualidade material de desenhos no papel, para tornarem-se objetos imateriais mais próximos da realidade, como desenhos perceptíveis" (*Transformations*). Igualmente, narração, palavras, anedotas devem se tornar objetos imateriais e passíveis de reconhecimento, a partir de invariantes próprias à psicanálise.

"O matemático pode procurar as invariantes comuns a um objeto circular e à elipse que lhe representa por meio da geometria projetiva algébrica (...). Tratar-se-á, portanto, aqui, de descobrir quais são as invariantes próprias à psicanálise, e quais relações estas invariantes mantêm entre si" (*Transformations*).

Essa matematização é de ordem muito geral:

"Eu espero que um dia sejam lançadas as bases de um conhecimento matemático da biologia, baseado nas origens biológicas das matemáticas, e não na tentativa de anexar à biologia uma estrutura matemática" (*Transformations*). Da mesma maneira que no vértice psicanalítico, esse esforço de abstração e de matematização está diretamente vinculado às leis do funcionamento do pensamento humano.

"Por analogia com as matemáticas, poder-se-ia dizer, então, que a psicanálise está interessada em estabelecer as leis que regessem as relações entre objetos psicanalíticos" (*Transformations*).

Assim, a matematização da psicanálise, garantia de seu valor científico, doravante, pode ser pensada mesmo que o essencial ainda esteja para ser feito. Isso implica duas noções fundamentais.

Em primeiro lugar, a ruptura com toda relação de causalidade linear.

"Os desenvolvimentos da física introduzidos pela escola de Copenhagen parecem ter invalidado a teoria da causalidade. Se é esse o caso, pareceria lógico não mais nos preocuparmos com a causalidade ou com sua contrapartida: os resultados" (*Transformations*). Além disso, "a teoria da causalidade só tem validade no domínio da moralidade, e só a moralidade pode causar qualquer coisa" (*Transformations*).

A ruptura do vínculo de causalidade tem, para os psicanalistas, um interesse suplementar porque obriga a uma profunda remodelagem da noção de tempo e do sentido do tempo, que abordei em outro momento (*La rigueur de l'intuition*).

Em segundo lugar porque, a partir daí, a psicanálise torna-se sujeita à probabilidade: pensamentos percebidos e previstos são o resultado da união aleatória de um grande número de elementos de pensamento. O paciente é uma "nuvem de probabilidades". "As nuvens de probabilidades" (*Transformations*) sob a ação da tomada de consciência em decorrência do trabalho psicanalítico "transformam-se em nuvens de possibilidades," cuja tradução se faz no comportamento, na vida futura do analisando.

II

É necessário lembrar as advertências freudianas: é preciso defender-se, à direita e à esquerda, da filosofia, de um lado, e da religião, do outro.

Também podemos nos surpreender ao vermos Bion, psicanalista perfeitamente fiel à mensagem freudiana, sutil conhecedor dos filósofos, citar Kant e referir-se a ele frequentemente. Também podemos nos irritar com seus desenvolvimentos sobre a fé, sobre o O e sobre o místico.

Porém, as citações não são, para ele, essenciais. Em um mesmo movimento, ele retorna o filósofo a seus estudos: os filósofos já disseram tudo, mas eles não têm a experiência clínica, que inscreva o discurso na ciência, e eles se submetem, igualmente por inteiro, à sua razão, que já sabemos ser escrava das emoções. O filósofo fala, então, sem o distanciamento do psicanalista de suas emoções... e sem conhecimento desse fato. Do mesmo modo, Bion rejeita a religiosidade: "Um ato de fé é singular no processo científico, e é necessário fazer a distinção do significado religioso de que a expressão está impregnada no uso corrente" (*L'attention et l'interprétation*).

Poderíamos, então, ser tentados a afirmar que Bion se enreda em suas contradições, ele filosofa e crê, mas não quer ou não pode se confessar. Por um golpe de mágica, transforma, então, uma interrogação fundamental em um desvio neurótico.

Esse obstáculo não é tão intransponível quanto possa parecer. Basta seguir as indicações de Bion e levar em consideração definições claras – as que aceitamos – e do vértice – o ponto de vista que adotemos – para conseguirmos nos entender e ouvir.

Se o MÍSTICO é "relativo ao mistério, a uma crença escondida, superior à razão" (Dictionnaire Robert), e se a RELIGIÃO é "o que concerne às relações a um poder superior", isto é, a Deus, percebemos imediatamente a diferença entre místico e religioso. Sim, há mistério no funcionamento psíquico. E esse mistério não poderá ser apreendido unicamente pela razão porque a razão é escrava das paixões:

"A razão enquanto escrava das paixões transforma o significado psicologicamente necessário em uma significação logicamente necessária" (*Transformations*). A razão é, portanto, o mecanismo de resposta a uma necessidade, a necessidade do racional. Se essa necessidade permanece mal-satisfeita, conduz diretamente à religião, isto é, à existência de um deus.

"Se um determinado universo é incapaz de dar significação ao indivíduo" – porque a psicanálise não se ocupa do coletivo; no entanto, às vezes, ela se interessa pelo indivíduo, em suas relações com o grupo e a instituição, mas não o contrário – "o narcisismo exige que haja um deus ou outro objeto final, por meio do qual o universo tem uma significação" (*Transformations*).

Todavia, esse objeto final pode estar englobado na religião, e não temos de interrogar ou elucidar sua existência; ou pode estar aberto à ciência, em uma corrida desenfreada para a sua descoberta. A perseguição não é a do diamante verde ou a do Graal, mas a do O, a verdade última. O ponto de partida é idêntico, os caminhos divergem rapidamente. A natureza específica do objeto da ciência psicanalítica (e isso difere das outras ciências?) implica um método que se vale de qualidades não sensoriais: trata-se da intuição.

A intuição nos conduz ao lado do conhecimento místico, "propriamente à crença" (a fé), "à possibilidade de uma união íntima e direta do espírito humano" (o que denominamos "dinâmica transferencial contratransferencial"), "ao princípio fundamental do ser" (quer dizer, o vértice considerado, segundo o ponto de vista psicanalítico, o pensamento inconsciente), "união que constitui, simultaneamente, um modo de existência". A psicanálise, como todos sabem, não é uma luneta que se saca saindo do consultório, quer sejamos psicanalistas, quer sejamos analisandos. Ela se desenvolve sobre uma experiência íntima, a de sua própria análise, e sobre uma disciplina de cada momento ("e um modo de conhecimento esquisito"), daí a importância da intuição e do não sensorial nesse domínio científico – "e superior" – no vértice considerado – "na existência e no conhecimento normal" (Dictionnaire philosophique Lalande) – conhecimento normal baseado em dados sensoriais habituais, organizados segundo uma lógica de causalidade.

O problema, então, é definir a natureza científica do misticismo, no sentido preciso, e de sua manifestação: ATO DE FÉ.

Não só a abordagem mística é necessária à psicanálise, mas é prioritária.

"Os fenômenos que estão no centro da psicanálise não têm base sensorial" (*L'attention et l'interprétation*). Sem dúvida, "a abordagem científica, associada a uma infraestrutura de impressões sensoriais, por exemplo, a presença do psicoterapeuta e de seu paciente no mesmo ambiente pode-se considerar um fundamento. Na medida em que está associada à realidade final O, ela é destituída de fundamento" (*L'attention et l'interprétation*). Bion acrescenta de imediato: "Isto não significa que o método psicanalítico seja não científico, mas que o termo CIÊNCIA, como tem sido utilizado correntemente até aqui para descrever uma atitude a respeito dos objetos dos sentidos, não é apropriado para representar um modo de aproximação a respeito destas realidades, das quais a ciência psicanalítica deve se ocupar" (*L'attention et l'interprétation*). Essa ciência não pode ser descritiva; ela é inclusiva: "É preciso que seja uma ciência em que se é um com seu objeto" (*L'attention et l'interprétation*). Essa ciência, nós vimos, é probabilística e analógica. É a ciência, poderíamos dizer, dos símbolos, ou melhor, da simbolização.

O cientista psicanalista dispõe, em seu ofício, de um instrumento de investigação, a intuição, equivalente a um sentido adicional. Para utilizá-lo, ele deve se preparar, esvaziar-se, eliminar "memória e desejo" e manifestar-se como ato de fé.

"Podemos nos questionar qual estado de espírito é desejável, se memória e desejo não o são. Digo o que desejo exprimir com a ajuda de um termo aproximado, A FÉ – a fé na realidade e na verdade última – o desconhecido, o que não pode ser conhecido, o INFINITO INFORME" (*L'attention et l'interprétation*).

O ato de fé "tem uma relação com o pensamento análoga à relação de um conhecimento, a priori, a respeito do conhecimento" (*L'attention et l'interprétation*). E isso é intuir.

Enfim, o ato de fé "está subordinado a uma negação disciplinada da memória e do desejo" (*L'attention et l'interprétation*); esse desejo disciplinado torna o ofício do psicanalista muito difícil. Resumindo, o místico, o ato de fé e a intuição estão diretamente ligados ao objeto do que poderíamos denominar como a pulsão psicanalítica.

Como é comum em matéria de psicanálise, a evidência é chocante. Se a emoção, a intuição e o conhecimento místico ganham posição na ciência psicanalítica, todos os esforços feitos pelos psicanalistas após quase um século para evitar, para eliminar e para anular ou não observar a potência das forças libidinais inconscientes, em operação mesmo entre eles, então, esses esforços são para recomeçar. Há pouco eu dizia, antes de um combate incessante. Ele pode ser um combate de defesa e de retirada, contra a emoção que desvenda o conhecimento psicanalítico, ou um combate para ir em frente, para terras virgens... ou a serem ainda descobertas. Se fizermos a hipótese de que, para um melhor conhecimento, "a personalidade do analista e do analisando é capaz de sobreviver à perda de camada protetora de mentira, de subterfúgio, de fuga, de alucinação, e pode ser enriquecida por esta perda" (*Transformations*), então, teremos confrontos com fortes resistências dos indivíduos e do grupo, "na medida em que estes recorrem a mecanismos psicóticos para manterem sua coesão e seu sentimento de bem-estar" (*Transformations*). Em uma palavra, "não resistimos a alguma coisa porque acreditamos que alguma coisa é falsa. Uma resistência é acionada quando a iminência da realidade do objeto é temida", este objeto é invisível e inclusivo." (*Transformations*).

No domínio, restrito, mas essencial da psicanálise científica, nós vivemos, atualmente, a iminência da fé.

Paris, outubro de 1989.

12. O legado de Bion: as sombras e o pensamento

Introdução

Na sua última obra mais importante, *Memória do Futuro*, Bion tentou aproximação prodigiosa entre a emoção e a racionalidade, entre a intuição e o conhecimento científico. Essa obra, em três volumes, de um psicanalista teórico, ilustra o que podem ser as associações em liberdade vigiada. Cada capítulo (apresentado desordenadamente, no texto original, e em ordem lógica, na tradução francesa) parece consagrar um aspecto da teoria psicanalítica: a regressão, os fantasmas de homicídio, a inversão de seu oposto etc. Toda espécie de modelo de interpretações desfila aí, em uma desordem de coisas misturadas que não deixa de impressionar o leitor. É essa incerteza, esse mal-estar, a tensão, a iminência de uma tempestade, que gostaríamos de conservar, não para retê-la, mas para insistir sobre o fato de que essas nuvens pesadas estão carregadas de potencialidades dinâmicas: a chuva vai cair, a criatividade do leitor vai se libertar, suas ideias vão começar a crescer. Só lhe restará, nesse caso, selecionar o bom grão do mau.

Finalmente, o que ficará depois desse panorama? Sem dúvida, uma dúvida, um mal-estar. Mas também esperamos um trampolim para outras reflexões.

O legado de Bion: as sombras do pensamento

Jacques Dufour

(Sombras da Noite do Pensamento – Sombra das luzes do pensamento – Pensamento vindo da sombra)

> *Zeus tem a luz, Hadés as trevas, periodicamente as trevas se vão ao túmulo de Zeus e criam o ciclo das metamorfoses das estações.*[1]
>
> *Heráclito de Éfeso*

Depois das extensas exposições em uma jornada de escuta sobre a vida e a obra de W. R. Bion, exposições estas que, por certos aspectos, surpreenderiam minha própria experiência de frequência a seus textos, fui invadido por pensamentos cuja fluência exigia de mim a necessidade de afastar-me de ideias ou fatos por mim desconhecidos, de levá-los em consideração em minhas próprias reflexões.

O que me veio ao espírito, na alternância imediata entre negação e insistência, mostrou-me, pouco a pouco *inveja e admiração*.

Primeiro, veio a *inveja*, inveja do discurso dos oradores, cujos benefícios me pareciam na linha de filiação à W. R. Bion, da qual me sentia excluído: convenhamos que, para meu desespero, eles conheciam e compreendiam os significados do pensamento do

1 Francesca Bion não viveu ao lado de tal homem luz, trevas, metamorfoses?

mestre melhor do que eu. Minha ferida narcísica, portanto, só era igual ao ódio dos pensamentos dos outros e, por que não, ao ódio ao pensamento de Bion – É dizer que, em "vista" da consciência que eu poderia ter da inveja fragmentada e impulsiva, pareciam-me prestes a fazer o trabalho de destruição dos vínculos[2] com os objetos ainda em posição de trazer-me novos conhecimentos – portanto, eu estava lá, confrontado com o que me acontecia, como vaga perplexidade e movimentada flutuação, sombras da inveja aniquilante do pensamento.

Em seguida, veio a *Admiração*, ocupando-se com os vestígios da inveja, a fim de anular os efeitos devastadores. No entanto, ali, a idealização daqueles cujas palavras esclarecem e mostra-os como modelo, a idealização vinha substituir e rejeitar, na sombra, uma atividade de pensamento, experimentada como um balbucio gaguejado.

Aqui, as sombras das luzes do pensamento do outro eram tais que eu não podia querer pensar, em vista da ignorância em que eu me colocava.

Dessa maneira, eu estava perseguido e deprimido pelo abismo de minhas frustrações e incapacidade de pensar, tão depreciado quanto idealizado por todos os conhecimentos que me fossem próximos ou vindos de longe.

A isso, acrescente-se uma emoção penosa de *saturação psíquica*: abatido, em luta, de um lado, com o conflito primário da inveja e admiração, evoluindo de uma predominante escuta curiosa e atenta dos pensamentos do outro; do outro lado, confrontado com a densidade dos enunciados emitidos, impondo correlações e

---

2 Bion, W. R. (1983). *Réflexion faite* ou *L'attaque contre la liaison*, PUF, pp. 105-123.

distinção de significados, eu me sentia no dever de desafiar a sombra dos limites de minha atividade de pensamento.

A partir de então, surgiria, da sombra, um dilema "negativo": o que acontecia que a minha *instabilidade* pelas novas ideias me impedia de pensar, por inveja ou admiração, e o que acontecia que *minha saturação pelo conhecimento adquirido* tomava o lugar deixado vazio, para que nascesse, da sombra, um pensamento?

Chegando ao ponto de dificuldade lógica insolúvel, abatido, o único caminho a seguir era formular e elaborar meu próprio ponto de vista sobre as perspectivas do pensamento de Bion, esperando luzes teóricas sobre os distúrbios próprios de realização da "comunicação pública" e, portanto, a teoria das sombras do pensamento dessa comunicação.

Do que foi dito antes, não o foi sem evocar a analogia entre "comunicação pública" e "comunicação privada" de análise, aqui onde o processo de transformação e/ou de resistência ocorre.

O primeiro aspecto da "comunicação pública" não pode, com efeito, ter valor de transformação das emoções primárias, em ressonância com o modelo de evolução extraído da experiência analítica, quando o analista encontra uma coerência na e para uma formulação interpretativa?[3] É colocar aí a função e o funcionamento do pensamento em uma relação de objeto definida por Bion como "simbólica". Isto é, como o estimulante crescimento psíquico de dois parceiros: quer dizer que um estado emocional primário, de confusão e de caos, emoções esquizoparanoides do lado do analisando; "paciência", do lado do analista em uma travessia "catastrófica", poderá evoluir para uma experiência emocional de

3 Bion, W. R. (1979). Ver a experiência emocional do "fato escolhido", *Aux Sources de l'expérience.* Paris, PUF, p. 93; Bion, W. R. (1974). Continente e conteúdo, *L'attention et l'interprétation*, Paris, Payot, p. 207.

coerência, que se simboliza[4] na interpretação verbal do analista. Presa ao movimento evolutivo da análise, essa formação poderá ser recebida, pelo paciente, com valor de "preconceito", isto é, de espera, de incerteza quanto ao significado: esta só poderá acontecer pela própria realização da experiência do paciente, isto é, que ele deverá procurá-la e encontrá-la a partir do desconhecido acessível a ele, pela interpretação. Dessa maneira, ela, fonte de coerência, não pode esperar ser enunciada ou entendida como sensação da experiência.

Na "comunicação pública", portanto, ela também pode aparecer procurando uma coerência perturbada. Ela não pode, nesse caso, desenvolver papel e função fora da análise, da interpretação na análise? Quer dizer que a teorização, fora da sessão, poderia ter importância pela coerência encontrada pela interpretação na perturbação psíquica ou de uma pesquisa de "sua" significação própria pelo analista: a partir de então, é levar em conta o fluxo das palavras e dos pensamentos liberados fora da sessão, podendo exigir atividade de pensamento. Isso é, claramente, abrir a questão do "relacionamento comensal"[5] do analista (relação esta em que dois objetos se dividem em um terceiro, com a vantagem dos três) com a teoria, que é a sombra onipresente nos bastidores da "comunicação privada" da dupla, cuja encarnação, no decorrer da "comunicação pública", esconde a violência sob os auspícios da ciência e da razão, da qual é objeto.

---

4 Ophélia Avron, a partir de sua experiência dos grupos, destaca particularmente o quão grupal parece um funcionamento primário, que é dado como emocional, antes de qualquer individualização e representação, polifônica e rítmica, em uma indiferenciação anônima na qual nenhuma psique acontece. É da ruptura desta densidade informe que surge um representante, líder ou bode expiatório.

5 Bion, W. R. (1974). Imagens visuais e invariante, *l'attention et l'interprétation. op. cit.*, p. 164.

Um segundo aspecto da "comunicação pública" não pode ter importância como resistência à função e ao funcionamento do pensamento, como acabam de ser definidos? Aqui, com efeito, o processo não vai girar em torno da evolução da experiência emocional, encontrando coerência via comunicação verbal, para uma significação pessoal como consciência e conhecimento de si, mas vai seguir um movimento em sentido contrário: de fato o objetivo do pensamento teórico analítico será buscar distinguir um conhecimento do funcionamento mental, um conhecimento da psicanálise como prática e teoria. Quer dizer que, às vezes, há aí "intenção de conhecimento" científico do ser humano como objeto da psicanálise, e às vezes, epistemológico da psicanálise como meio de conhecimento.

Qual é a relação entre esse duplo aspecto da psicanálise como "intenção de conhecimento" visando à distinção e à construção de um sistema teórico a partir da experiência analítica do analista, e a psicanálise, como conhecimento e consciência de si, no decorrer de uma experiência intersubjetiva, que na transferência solicita a violência das emoções primárias?

Primeiramente, a resposta teórica compara a dupla analítica ao mito de Minerva, saída com capacete de exército da cabeça de Júpiter: que possibilidade analista e analisando têm de descobrir um objeto, uma vez que esse objeto já tenha sido encontrado, e age como verdade, seja porque não existe, questiona a teoria que deve pesquisá-lo e encontrá-lo: a partir de então, podemos invocar de forma diferente, não como *relação parasitária*, essa relação em que, na dupla, a terceira característica, a da "comunicação pública" da teoria, representa a força de sujeição de um modelo, que parece negar todo outro significado, que não seja o seu. Quer dizer que o analisando está pronto para garantir um acordo com o que ele supõe ser a teoria do analista, negando a experiência emocional desconhecida como vetor de sua pesquisa; quer dizer também que o analista parece preso à transferência pela teoria – e por uma contratransferência que exerce uma ação em vez de ser analisada – em posição de substituir o conhecimento teórico pelo desconhecido em que lhe coloca a personalidade do paciente. Em outras palavras, não existe sob o disfarce do conhecimento teórico um funcionamento psíquico que retire a experiência analítica de toda a significação?

Neste ponto de minha exposição, o dilema colocado pela "comunicação pública", reflexo da dupla face à posição de incerteza[6] de toda palavra que mascara e desmascara tudo de uma só vez, a dupla analítica, na sua "comunicação privada", não pode evitar a violência de seu encontro com o terceiro no cruzamento dos caminhos de Tebas: esse terceiro, personagem mítico, até agora na sombra, é o que fala do topo da teoria da "comunicação pública".

No seu modo de dizer reside uma transparência ambígua e oblíqua, como o oráculo de Apolo, no duplo aspecto da verdade: por um lado, uma relação comensal de enriquecimento recíproco do analista, do analisando, da teoria e da *mentira*; e, por outro

6 Bion: cit. Heisenberg e a Escola de Copenhagen a propósito da questão da teoria da causalidade que só se pode considerar como "causalidade múltipla", recaindo sobre o princípio de precariedade do conhecimento, à luz de um só aspecto do fenômeno e excluindo todos os outros. Quer dizer que, para Bion, o caráter negativo da hipótese de definição exclui o que ela não definiu, sem, no entanto, negá-lo. O que não é, é nada, mas uma é a forma negativa do que tem sido ou poderia ser. "Uma coisa nunca pode ser, a menos que seja e não seja, de uma só vez (*Transformations*. PUF 1982, p. 118). Ver também: Heisenberg, W. (1962). *La nature dans la physique contemporaine*. Idées Gallimard. Eu também devo a apresentação de Simon-Daniel Kipman, que sabia "se esconder" atrás dos escritos de Bion, por ter sido, em sua apresentação, aquele que me permitiu articular meu pensamento sobre o ponto de vista de Bion extraído das ciências, que impõe ao analista uma total revisão do que gira em torno da "convicção científica".

lado, a relação parasitária, cujo esforço de "malabarismo na fala" despoja a experiência analítica da sua possibilidade de significado próprio. Colocada a questão dessa maneira, para um analista amante da verdade, só pode haver resposta no primeiro aspecto abordado acima.

Entretanto, visto que o aforismo de Maurice Blanchot, "A resposta é o mal da pergunta" (trazido por A. Green a Bion), será que sou conduzido a perguntar-me se, emitindo uma questão dessa maneira, que só possa inferir uma resposta, eu não a tenho feito, sem meu conhecimento, de forma a matar o terceiro, cujo trono estava vazio, e só esperava por mim?

Dito de outra forma, até aqui, mais falta e desconhecimento meu psiquismo, ávido de conteúdo, achou do que se satisfazer em uma resposta da teoria, aliviando as frustrações e desejos que me invadiriam e esfacelariam em mim toda possibilidade de pensar.

Entretanto, no momento, não posso deixar de lado a questão da importância da resposta dada e, com esse novo estímulo, tentarei ir mais longe à intimidade da dupla analítica, a partir da experiência do analista: primeiro, utilizarei o modelo "rêverie materno introduzido por Bion,[7] ali onde o sonho ergue uma barreira contra os fenômenos mentais que poderiam invadir a consciência".[8]

Na realidade, esse sonhar é descrito por ele como algo que contém e transforma a qualidade das identificações projetivas da criança em "pensamentos do sonho", movimento psíquico de "trabalho negativo" (A. Green),[9] que, até Bion, não havia sido, de

---

7 Bion, W. R. (1982). *Aux sources de l'expérience. op. cit.*, p. 54. *Une théorie de l' activité de pensée* in "Réflexions faite". PUF, p. 132.

8 Bion, W. R. *Aux sources de l'expérience. op. cit.*, p. 33.

9 Devo a A. Green "o choque" de sua exposição introdutiva, que teve como efeito dizer-me que, depois dele, não há mais nada a dizer. Recompus minhas lembranças de seus seminários sobre o "trabalho do negativo", e seus escritos

maneira alguma, extraído da relação mãe-criança. Com efeito, é preciso consideração, em relação à criança como uma vivência intensa que invade o psiquismo e leva-o ao alívio; a mãe não pode dar uma resposta que acalma, consoladora ou de satisfação. Sua não resposta é a impossibilidade ou o choque emocional pelo pânico que se apossa dela, ou essa não resposta é outra "visão" da mãe, uma intuição de que seja preciso não ser para que ela seja ela mesma?

O primeiro caso que nomearei de negação do negativo, aquele em que a não resposta, enquanto não seio, causa a morte, lá onde o seio que nutre não está, é a destruição do vínculo. Aqui reside a "*matriz da denegação*" de todo valor até à ausência, que satura de inexistência o valor suspensivo da ausência. Aqui, é "o terror sem nome" da criança, cuja mãe compensa as angústias e medos que ela experimenta com uma resposta calmante, consoladora ou de satisfação. Bion escreve:[10] "O medo do medo, do ódio e da inveja é tão forte que são tomadas medidas para destruir a consciência de qualquer sentimento, mesmo que isso equivalha a morrer".

O segundo caso é o da capacidade de "rêverie materno", lá onde a mãe, na sua não resposta, tolera ser um não seio, para que desperte na criança o vazio de sua frustração, o próprio domínio do pensamento, entre desejo e não resposta. É essa capacidade de "sonhar da mãe" que, em certos momentos de sua intuição clínica, faz-lhe não responder às necessidades da criança, ao pensar que esta terá de aprender com a experiência, com a espera e com a incerteza.

---

tornaram, particularmente, complexo e estimulante um modo de pensar: aquele em busca do que não é apresenta, com efeito, uma dificuldade particular quando é a própria ausência o objeto da reflexão do analista. Ver sobre isso: Green, A. (1974). L'analyste, la symbolization, l'absence dans le cadre analytique. *Nouvelle revue de psychanalise* nº 10, pp. 225-252.

10 Bion, W. R. *Aux sources de l'expérience. op. cit.*, p. 28.

A partir de então, gritos e choros de frustração evocam-lhe, no deslumbramento de um sonho, suas próprias angústias de criança, cuja paciência e tolerância de sua mãe foram, para ela, incitação ao dever de encontrar nela uma solução modificadora, em locais e em lugares do remédio para a tensão da necessidade. Quer dizer que, aí, o sonhar materno se manifesta como transmitindo da mãe para a criança[11] a função de desfazer-se, de restaurar-se das angústias esquizoparanoides: mediante o esforço de expulsar, em ato ou em alucinação, essa *matriz de negatividade* causa novas capacidades psíquicas em três níveis:

– *O nível da consciência*, a mãe que sonha introjetada, é transmitido como distanciamento de angústias esquizoparanoides, olhando para si mesma, ciente de que não há seio que possa satisfazer. A consciência não é conhecimento da perda que leva a reencontrar o objeto que não está mais aí, antigamente fonte de satisfações? (S. Freud).

– *O nível do sonho,* em que a mãe que sonha abre a galeria de imagens do sonho noturno e os pensamentos oníricos do dia, errantes entre passado e futuro, em ressonância distante com "o lugar onde o seio estava ou poderia estar". Mas essas imagens e pensamentos não podem ser encontrados.

– *O nível do pensamento*, em que a não resposta da realidade (o não seio) e o não ser das imagens e dos pensamentos conduzem a uma atividade intercalada entre o desejo e a ação, às vezes,

---

11 Do que sonha a mãe quando não responde à criança que grita e agita-se se não for ao pai, em cuja evolução encontra o que permite *não ser para a criança*, mas *ser para o homem*: o sonhar materno parece aí a introdução do terceiro na dupla mãe-criança, cuja perturbação psíquica de uma "censura do amante" (M. Fain) transporta as elaborações das teorias sexuais infantis. O "nome" do pai é o "não" da mãe, "primeiro grau da liberdade" do pensamento (S. Freud).

"prelúdio para a ação"[12] e ação para a transformação das emoções em palavras.

É neste ponto que ocorre "a passagem do princípio do prazer ao princípio da realidade", o que significa que a intensidade do prazer não é mais controlada do interior, mas deixada às forças externas à personalidade.[13] A atividade do pensamento manifesta-se, portanto, para Bion como o que se livra da capacidade psíquica do "sonhar materno" diante das angústias físicas esquizoparanoides, e isso, pela consciência *do que não é real*; mas é no cadinho dessa matriz originária negativa que nascem pensamentos e imagens do sonho *que podem estar na realidade*, impondo, neste caso, ser pensados, transformados em palavras, em vez de agirem, eles não modificam a realidade, o sonho não se transforma em realidade. Essa é a ideia veiculada. Deve-se observar que a realidade de que se trata aquela, "deixada às forças externas à personalidade", é a realidade interna, "realidade final", para Bion, "personalidade desconhecida", tanto do paciente como do analista, o único objeto do trabalho analítico. Aos que se candidatam a uma análise, Bion propõe dizer-lhes que o analista não pode satisfazê-los, "prever o futuro" ou "mudar sua condição de vida". "Mas, se o senhor acredita que pode mudar e for capaz de suportar o mundo como ele é, então, venha e experimente, façamos uma tentativa".[14]

Como situar essa capacidade de "sonhar materno" como capacidade psíquica do analista na sessão?

---

12 Bion, W. R. (1974a). *L'attention et l'interprétation*. Op.cit "Prelúdio à realização ou substituto da realização". p. 208.

13 Bion, W. R. (1974a). *L'attention et l'interprétation*. Op.cit "L'opacité de la mémoire et du désir". p. 100.

14 Bion, W. R. (1980). *Entretiens psychanalytiques*. Gallimard, p. 174.

É, portanto, da função do analista na sessão, que vamos falar agora; aí, a matriz negativa se enuncia na posição psíquica "sem lembrança, desejo ou compreensão".

Para Bion, há nisso uma necessidade de "se submeter artificialmente à cegueira", uma disciplina e um trabalho que são próprios da condição da análise. Na realidade, a voracidade do desejo, causa e efeito das lembranças, e possessividade da inteligência aparecem subordinados ao princípio do prazer-desprazer do analista, que, intolerante com o que ele não sabe ou não pode saber, oculta esse desconhecido por um apelo de suas próprias funções psíquicas, que adquirem importância de "fezes mentais" para alimentar o bebê, que é o paciente. Quer dizer que, para Bion, o analista deve utilizar sua mente no sentido inverso ao do habitual, do familiar, do racional, esvaziando-se de tudo o que seu narcisismo ferido chama de crenças, referência ou incerteza, com a divisão do desconhecido. Portanto, o duplo cenário é a contratransferência, como transferência inconsciente do analista para com o paciente, mas, também, transferência inconsciente do analista para com a teoria quer dizer que, no analista, só certo número de resistências intelectuais nunca aparece na análise com o paciente ou na análise do analista, caso em que elas podem constituir precisamente a matéria do processo analítico. Entretanto, se escuto "o sonhar materno" de Bion, entendo: "Se podemos permanecer sensíveis à importância do indivíduo, sem nos tornarmos cegos, precisamente, pela importância do analista, mais contribuiremos com a vida humana, como o fez o inventor da roda, este gênio desconhecido". O analista deverá encontrar uma posição em que possa dizer a si mesmo: "eu respeitei o silêncio da sessão... eu escutei o silêncio. E escutei as interferências". "A parte não observada, incompreensível, indizível da sessão constitui o material de que sairá a interpretação que o senhor fará em um grande número de semanas, de palavras ou de anos"[15]. Portanto, é a partir da posição em sombra, apagando as luzes da Inteligência que o analista atinge "com terror" a "realidade final",[16] esse outro de si mesmo para além dos fenômenos, que não podem ser conhecidos, mas que podem "vir a ser", evoluindo para o conhecimento via o "ato de fé", que une o que é "personalidade desconhecida" com o mínimo "irredutível", o paciente: "Eis aqui a sombra, e onde está a fonte da luz?".[17] Pergunta-se o analista. Portanto, é no imprevisto e no imprevisível que se situa o analista, repleto "de bebês ainda não nascidos"[18] que são suas ideias. O paciente é um bebê ainda não nascido, por que fazer um prematuro, como ele poderia nascer se o analista não deixa os seus próprios pensamentos nascerem, se ele se deixa dominar por suas ideias que o empurram como um pigmeu para criá-lo?

Portanto, surge aí um estado de espírito específico do analista, que se esforça para diminuir o contato sensorial "para que o foco ocorra na realidade psíquica" do paciente;[19] o desapego à elaboração do real, por uma segunda visão, é, portanto, semelhante ao sonho e impregna o trabalho do psicanalista com "uma qualidade

---

15 Bion, W. R. (1980). *Entretiens psychanalytiques. op. cit.*, p. 127.

16 Bion, W. R. (1974a) *L'attetion et l'interprétation. op. cit.*, "La réalité sensoreille e psichique, p. 61. Foi César Bottella quem discutiu e polemizou, em relação a Freud, a posição "mística" de Bion, fazendo aparecer o que, para ele, era o risco do desaparecimento da psicanálise, se uma concepção unificadora, na verdade (*réifiante*), viria relativizar uma complexidade metapsicológica extraída da diferenciação edipiana. Manifesto minha concordância com ele sobre esse ponto, mas diferencio-me dele porque os paralelos entre Freud e Bion me parecem em seu "estado de espírito" científico: certamente um é voluntariamente positivo, o outro próximo da mecânica quântica. Um e outro se cegam artificialmente (S. Freud) em vista de sua fé em buscar pelos dados, toda a aparência, toda a verdade: "O" não é a experiência do "id"?

17 Bion, W. R. (1980). *Entretiens psychanalytiques. op. cit.*, p. 125.

18 Bion, W. R. (1974a) *L'attetion et l'interprétation. op. cit.*, "Le mystique et Le groupe", p. 123-126.

19 Bion, W. R. (1980). *Entretiens psychanalytiques. op. cit.*, p. 106.

onírica".[20] A "visão binocular"[21] evidencia, assim, a visão um tanto paradoxal do analista, que, *de um lado, tapa* os olhos para não se cegar pela luz dos fatos e, de *outro lado, olha* e convida o analisando a ver o que habitualmente não pode ver: os detritos, as interferências, os supérfluos.

Fazer sombra quando a razão e a verdade iluminam, fazer a luz com as sombras do real: não é esse o trabalho do analista para com o terceiro teórico, a teoria?

Fazer sombra quando a razão e a verdade iluminam pode parecer retórica, em que o que se afirma como verdade é visto como tendo mais efeito de convicção do que justificando um processo de pensamento: "A verdade não tem necessidade de pensador", escreve Bion. Quer dizer, o que formulamos como verdade não é para pensar, seja porque desprovido de ou na espera do significado do Ego, seja porque não pode ser pensada quando a afirmação, que é presságio da verdade, é enunciada e ouvida como suficiente em si mesma. *Aí, é a verdade como mentira,* a dos construtores de sistema (de quem Freud desconfiava, particularmente), crentes, sinceros e mesmo mártires da verdade: eles são prováveis construtores de sistemas de "grande complexidade" e de "grande beleza"; daí "a lógica estar a serviço de uma inteligência poderosa e de um raciocínio falho". Essa espécie de mentira evidencia-se na mente do analista

---

20 Bion, W. R. (1974) *L'attetion et l'interprétation.* Op.cit. "Les mensonges et Le penseur", p. 172.

21 A exposição de Luis Goyena apreendeu especialmente o que está sendo tratado nesta encruzilhada de caminhos, que é, para Bion, o momento "catastrófico", "violência" e "subversão" de toda aquisição: lá está a *experiência revolucionária* da análise, em que o crescimento psíquico se faz ao preço de um colapso, libertando a emotividade e uma nova possibilidade de coerência e de significação, no e para o pensamento verbal, *mas ali também está a barreira, a saturação* pela mentira da moralidade ou da lógica causal, que, no uso restaurador e conservador de verdades adquiridas, fazem obstáculo a toda mudança.

como *sexualização do conhecimento de, sobre e para* a psicanálise, de onde a elaboração teórica visa substituir-se à revolução de todo conhecimento específico da experiência analítica. De fato, o analista não busca aí encontrar resposta significativa, restaurando uma teoria autoconstruída, em locais e lugares para poder deixar dentro dele a matriz originária de negatividade, a qual, de sua não resposta, veria nascer pensamentos e imagens do sonho, cuja elaboração secundária seria formada do trabalho teórico do analista fora da sessão.

Outra espécie de verdade afirmada com toda paixão da crença e da sinceridade evidencia-se *na sexualização da experiência analítica*, caminhando com a depreciação das capacidades teóricas específicas ou uma negação de toda teorização. Com efeito, essa posição vê-se tanto nas inibições ou fobias para com a teoria como em um niilismo perverso, que erguem um brasão de suas carências. Aí se encontra a resistência à revolução psíquica da total atividade de pensamento, que viria machucar os pensamentos do sonho: a matriz da negatividade primária é preservada para manter fora do pensamento a espera como intrusiva, em um espaço que só pertence ao ego. Ela é a da mãe que sonha e evoca um paraíso, cuja experiência de perda nunca foi chamada "pensamento verbal", mas, sim, repetição ativa de antes da perda. Então, essa matriz serve como uma matriz de denegação, que vem substituir as emoções restauradoras pelas quais, paraíso perdido, abriria ao desconhecido, a terra do psiquismo.

Quer dizer que, quando a verdade é colocada sem sombra e sem suspeitas de mentira, o analista anfitrião hospeda uma verdade como mentira, despojando a perspectiva teórica de qualquer função que não sature a ignorância pelo saber, transmitido ao paciente pelo analista por meio da interpretação como conhecimento de si mesmo.

Outra via anunciada "faz da luz diante da sombra do real" abre a questão da verdade da mentira.

"Para a mentira, é preciso um pensador", escreveu Bion.

No plano da comunicação pública e da teorização, leva-se em conta a "mudança catastrófica",[22] específica da experiência analítica que alimenta, fora da sessão, um fluxo de pensamentos, dos quais alguns, particularmente, podem ser pensados; estes são as que se apresentam ao analista como falsos ou mentiras diante da experiência vivida.

Quer dizer que o analista, a fim de encontrar coerência, será levado a pensar, utilizando seus pensamentos falsos e mentirosos como preconceitos, isto é, como consciência do que não é, na espera do que podem chamar de "ser". A partir de então, as elaborações específicas do analista aparecem como o primeiro tempo de pesquisa por uma coerência e significado minados neles por uma interpretação falsa. Entretanto, essa elaboração específica da análise de seus pensamentos do sonho, como pensamentos falsos, será confrontada com o encontro perturbador do terceiro teórico, sob as diferentes formas de "comunicação pública" dos outros analistas; esse encontro terá importância interpretativa se o analista, nesse caso, reconhece a experiência de mentir sobre suas próprias elaborações. A partir de então, ele terá de trabalhar para encontrar uma maneira de seus pensamentos repetidamente isolarem[23] en-

---

22 É nesta noção de "desvio" que Diatkine fala da interpretação, como muitas vezes, sua maneira de expor, em linguagem cotidiana, a experiência de analista, seguindo Bion dos *Entretiens psychanalytiques*, teve o dom de fazer-me "ver" minhas palavras como jargão e meus pensamentos como mentira: eu reescrevi minha exposição, essa é a interpretação.

23 Bion, W. R. (1974a). *L'attention et l'interprétation*. Op.cit., in "Prélude ou substitut a l'accompagnement", p. 214.

tre suas elaborações nascidas da experiência e as teorias vindas de outro lugar.

Quer dizer que o trabalho analítico do analista se justifica pela relação do pensamento com o não existente e que aquele trabalho não separa *o trabalho na sessão e "a comunicação privada"* na interpretação e por meio dela, não se separa o *trabalho fora da sessão e a "comunicação pública"* na teorização e pela teorização.

Para terminar, digo o seguinte: palavras que nunca param de e mantêm-me em contato com o desconhecido de seu significado, mentem para mim e, assim que reveladas, apelam a sentidos sem sentido:

"O que é preciso buscar", escreve Bion, "é uma atividade que seja, ao mesmo tempo, restauradora de Deus (a mãe) e a evolução de Deus (o disforme, o inefável e o não existente), que só podemos encontrar em um estado em que não existe nenhuma lembrança, nenhum desejo, nenhuma compreensão".

13. Memórias no presente

Introdução

Ao fim desta viagem ao redor e a partir de W. R. Bion e de suas teorias, é a ele que é preciso dar a última palavra, as últimas reflexões.

1. Memórias no presente

8 de agosto de 1978[1]

"... Os rostos de velhos fantasmas atravessam a batalha", diz Tennyson, falando da última batalha estranha da qual Artur participou antes de partir para o Vale de Avilion ("A passagem de Artur" em Idylles du roi).

1 As passagens são extraídas de um livro proximamente em lançamento e foram transcritas a partir de gravações. As notas entre parênteses foram adicionadas pelo editor.

Ainda uma vez, a Terra atingiu o mesmo ponto na sua rotação, que, à época da Batalha de Amiens (8 de agosto de 1918), quando Ludendorff disse que ela fora um dia negro para a armada alemã. Os fantasmas ressurgem – Asser, Cartwright, o sargento O'Toole, um pobre jovem sempre a lamentar que fosse órfão, com as orelhas de fora, seu rosto rosado, seus acessos de depressão e de ansiedade. Confidenciou-me que esta batalha, à qual estava prestes a se reunir com sua unidade de carro de combate, seria a última (eu não fazia parte da unidade de carro de combate, eu comandava a seção de carros e era o segundo comandante). Ele não estava enganado. Bem pouco tempo depois da batalha, o carro de combate de Cartwright foi abordado, e toda a unidade foi morta. Quando fui ver, os corpos calcinados e enegrecidos tinham sido ejetados do carro como vísceras de algum animal misterioso e primitivo que teria perecido na explosão.

Essa experiência é semelhante a outras que tive no passado, mas a semelhança só diz respeito a fatos conhecidos, e não a outros. A esse respeito, tive outras experiências – diferentes daquela de 8 de agosto –, especialmente quando visitava com Francesca o museu Shelley e Keats em Roma. Nós dois tivemos um sentimento extremamente profundo e emocionante quando participávamos de uma experiência, em que Shelley ainda estava vivo. Eu me lembro de estar atento e terrivelmente impressionado com a descrição que fez de Keats como um homem superior a ele, o rival perigoso que certamente o ultrapassaria. Mas ele dizia aquilo sem o ódio ou a inveja que o teriam impedido de despertar a convicção que queria em seus contemporâneos e naqueles que viriam depois dele. Tanta generosidade era mais forte do que o ódio, a rivalidade e a inveja. Os poetas e artistas têm seus métodos para registrarem certas influências que percebem. Os estímulos vêm do exterior, o desconhecido que é tão aterrorizante e provoca sentimentos tão fortes que não pode ser descrito em termos comuns. Não podemos considerar esses estímulos como perceptíveis senão na medida em que o ser humano tem órgãos e experiências talâmicas, como se o espírito em si, descrito em termos físicos, fosse um sistema nervoso central que só seria desenvolvido tanto como o tálamo, não deixando, então, nenhuma comunicação sináptica entre o tálamo e o desenvolvimento posterior do espírito (neo-palio), ou qualquer que seja o termo apropriado. Temos a necessidade de inventar uma forma de linguagem articulada que possa, mais ou menos, descrever essas realidades e fenômenos que não posso descrever.

Francesca mostrou-me uma carta que, provavelmente, não teria notado de outra maneira, enviada à Byron por Allégra, sua filha, de uma instituição, para crianças, mantida por uma escola católica. Era uma carta extremamente patética, tocante e emocionante, e que Byron jamais respondeu. Poderíamos dizer que Byron, ainda que apreciando o gênio de Keats, estava impossibilitado de exprimir a admiração e a afeição à maneira de Shelley. O *Dom Juan* de Byron não é o lamento por *Adonis*, que só Shelley poderia escrever.

Da mesma maneira, poderíamos dizer que só Byron poderia escrever *Dom Juan*.

"*Nisi dominus frustra*", a divisa da família Bion (tirado de Psaume 127, I: "Si L'éternel ne batît la maison, ceux qui batîssent, travaillent en vain"), trata-se de uma simples abreviação e, no entanto, ela é extremamente significativa da maneira como certas palavras são deixadas de lado. De modo semelhante, as letras são omitidas na palavra "Yaveh" porque nada poderia expressar o fato que "Yaveh" é uma maneira de falar de uma força, de um poder, que não pode ser descrito por uma linguagem articulada nem quando falamos de onipotência ou de onisciência, ou ainda de formulações comuns da religião, nenhuma dessas palavras descreve de maneira satisfatória os sujeitos sobre os quais a comunicação deve chamar a atenção.

2 . A cura pela fé

As pessoas da região (Périgord negro) falam da "crise do fígado". Tenho a impressão de que seria mais apropriado escrever "crise de fé" ou "crise duas vezes". Não há razão para supor que o idioma que falamos, a linguagem apropriada, seja um idioma articulado mais do que, digamos, uma transição entre a paranoia esquizoide e a depressiva, entre os objetos fracionados e os objetos inteiros. Milton poderia ter falado mais de um idioma: uma linguagem articulada ou até mesmo a linguagem poética de tipo racional e superficial, oposta a um idioma, poderíamos dizer, mais primitivo e mais próximo dos objetos fracionados ou objetos que não são pensados de maneira alguma, isto é, a linguagem de ação antes da descoberta da atitude a ser adotada ou da técnica a ser empregada, entre a consciência de um impulso e a atuação deste impulso. Uma das fraquezas da linguagem articulada aparece no emprego de um termo como "onipotência" para descrever uma situação que, de fato, não pode ser descrita com precisão por um idioma de um só tipo. "Onipotência" significa igualmente sempre uma "fraqueza": não pode haver só uma palavra para descrever só uma coisa sem descrever também o seu contrário.

Palinure foi adormecido por Morfeu e jogado nas profundezas do oceano. Jesus mostrou que se sentia traído quando descobriu que Deus não o salvaria da morte criminosa, que sofreria na cruz. "Por que me abandonaste?" (ou nesse caso, estava erroneamente otimista a respeito do deus com o qual lidava). É impossível falar de "deus" sem afirmar que "deus" significa igualmente "demônio". O erro tem uma longa história: em Bagavadeguitá, Arjuna foi respeitado por haver presumido que poderia medir a moralidade, a onipotência ou a inteligência de deus com padrões humanos. Jó foi repreendido por haver considerado que podia avaliar Leviatã com métodos utilizados pelos seres humanos. Inúmeros místicos foram capazes de descrever uma situação em que temos a certeza de que ele (Leviatã)[2] teria, verdadeiramente, um poder, uma força que não poderia ser medida, pesada ou apreciada por um simples ser humano tendo apenas um simples espírito humano. Isso me parece um postulado básico que, até agora, foi quase completamente ignorado e, entretanto, os homens falam de "onipotência" como se conhecessem o significado e que a palavra só tivesse um sentido. Martin Buber quase reconheceu as realidades da situação quando fez referência à linguagem (A atitude do homem está duplamente de acordo com duas palavras básicas que pode usar. As palavras básicas não são só uma palavra, mas palavras pares. Uma palavra básica é o casal Eu-tu... É diferente da palavra básica Eu-aquele, Eu e tu). Quando falamos "Eu-tu", o que é importante não são os dois objetos do qual falamos, mas a relação que não é fechada, que não tem fim (no sentido em que o ser humano comum o entende). A linguagem do ser humano comum só é apropriada à racionalidade, não pode descrever senão o racional, só pode descrever a racionalidade, não pode fazer afirmações senão com termos racionais.

3. *Terror do futuro*

Penso que é preciso imaginar que o passado parece ter certa semelhança com o presente, o presente tem como consequência uma semelhança com o futuro, podendo ser descrito nos termos do passado. Eu me dou conta de que pode haver uma crise de desenvolvimento que aterroriza completamente o ser humano porque o futuro lhe é desconhecido, só podemos, talvez, conhecê-lo no presente, e só pode ser por meio de certas pessoas descritas como "gênios" ou "místicos" que tenham uma relação particular com a

2 O parêntesis é nosso (N.T.).

realidade. É possível que o ser humano seja, de fato, condenado a desparecer porque é ainda incapaz de progredir. Espécies muito diferentes podem se desenvolver a partir do ponto que o animal humano alcançou quando os mamíferos substituíram os sáurios. Por mais frágeis que os embriões dos mamíferos pudessem ser, eram, entretanto, superiores aos sáurios.

4. *Sobre a moda*

(Transcrito a partir de uma gravação) Abril de 1979

Quero falar sobre alguma coisa extremamente poderosa, que resiste e que pertence à bagagem permanente do ser humano. Eu chamo "sucesso" o que designo extremamente poderoso, e não simplesmente a moda efêmera que pode mudar de hora em hora, dia após dia, mês a mês. Penso que é a mesma força dominadora, que se apropria da forma do pensamento em si, seja ele histórico, seja musical – resumidamente, os ares lídios dos gregos não chegaram particularmente até nós, não mais do que a arte da fuga tocaria os gregos, ou mesmo seria entendida a partir deles. Penso que também há igualmente modas na religião. Freud fala do "futuro de uma ilusão" (S.E. vol. XXXI, p. 34) como se pensasse que a própria religião fosse uma ilusão. É possível, mas penso que é uma ilusão aparente. Cada religião específica muda com a moda do momento, mas o que é fundamental, a religião mesmo, não penso que mude. É uma força extremamente poderosa como mostra o testemunho do que aparece como sinal ou um sintoma do pensamento de uma época atualizado por arqueólogos que limparam os túmulos em UR. Aparentemente, quando a autoridade, o rei morria, a corte morria com ele; todas essas pessoas eram enterradas no mesmo túmulo e ingeriam a mesma dose de veneno, antes de serem enterrados ainda vivos. Esses fatos parecem sugerir que o vigor religioso é uma força poderosa, possuída por Deus, pelo povo, pelos padres ou as autoridades da corte. Ela pode variar. Talvez, em alguns milhares de anos, os arqueólogos descobrirão os sinais que revelam o estado de espírito que reinava na Guiana em 1978 (mais de 900 discípulos do reverendo Jim Jones chefe do Templo do Povo morreram no dia 18 de novembro de 1978 em um ritual de suicídio coletivo). Está claro que a lembrança é hoje tão efêmera – ela não está inscrita em pranchas de pedra, mas em papel, e os corpos foram levados do lugar em que ocorreu o evento. O testemunho será menos evidente ou diferente. Não sabemos o que será dito na história futura do mundo – nem da religião judia ou cristã ou budista, mas da religião.

5. *Epitáfio*

Shelley cita, no prefácio a "uma elegia pela morte de John Keats", o "*Epitaphe pour Bion de Moschus*", c. 100 antes de Cristo:

"Um veneno veio até seus lábios, Bion, você viu o veneno. Como ele escorreu nos seus lábios sem estar suavizado? E qual o mortal foi tão cruel para preparar o veneno ou para dá-lo a você, enquanto falavas? Ele era insensível ao poema."

6. *O futuro de uma questão*

O exemplar de Bion do livro "*L'Avenir d'une illusion* está repleto de notas pessoais. O que se segue foi escrito no final do capítulo II.

A leitura deste capítulo parece demonstrar a que ponto a progressão da psicanálise torna obsoletas suas próprias formulações. Freud tem como fundamento de seu discurso, como de sua prática, suas conjecturas próprias sobre a natureza da civilização. Ele tem, nesse caso, teorias sobre as hipóteses. Porque essas hipóteses são as de um gênio e elas retêm a atenção. Mas não há nenhum reconhecimento da posição dessas hipóteses ou da posição das teorias sobre as conjecturas. Em psicanálise, supomos que a teoria seja falsa se não parecer servir a um "lugar" na maioria da humanidade.

Essa ideia é bem banal. Toda ideia de "cura", de atividade terapêutica permanece sem verificação. Ela é amplamente determinada pelas esperas do paciente, ainda que ele seja colocado em questão em uma boa análise (como eu a conheço). Mas em física nuclear, uma teoria é considerada boa se ela serve à constituição de uma bomba que destruirá Hiroshima. Uma grande parte da reflexão sobre a psicanálise exclui a possibilidade de considerar boa uma teoria que destruiria o indivíduo ou o grupo. Entretanto, jamais houve exame científico das teorias analíticas que tenham incluído uma abordagem crítica da teoria que, pela sua solidez, pudesse levar a uma destruição do equilíbrio mental, isto é, uma teoria que aumente a memória e o desejo a ponto de tornar impossível a boa saúde.

Referências

Athanassiou, C. (1989). *Aux souces de la pensée*, Éditions Caesura, Lyon

Avron, O. (1984). La méthode interprétative de Bion dans lês petits groupe. *Revue Connection*, Desclée de Bouwer, n. 44.

Avron, O. (1985). La psychanalyse et le groupe: Énergie libidinale et émotionnalité. *Revue de psychothérapie et psychanalyse de groupe*, Érès, p. 39.

Bahia, A. B. (1981). New Theories: their Influence and Effect on Technique. In: Do I Dare Disturb the Universe? *A Memorial to W. R. Bion*, Caesure Press, USA.

Barnes Khun, T.; Merton, R. (1972). *Sociology of Science*. Penguin Books Ltd. UK.

Baroni M.; Fadda, P. (1987). Alcune considerazioni a propósito del cambiamento catastrófico. In: *Letture bioniana*.

Bégoin, J. (1979). L'angoisse catastrophique. In: *Revue française de psychanalyse*. Tome XLIII, janvier-frévier, PUF.

Bégoin Guignard, F.; Bégoin, J. (1979). *Réaction thérapeutique négative, envie et angoisse catastrophique*, Congrès de la F.E.P., Londres.

Bick, E. (1987). The Experience of the Skin in Early Object Relations: Further Considerations of the Function of the Skin in Early Object Relations. In: *Collected Papers of M. Harris and E. Bick*. Clunie Press, Scotland.

Bion, W. R. (1965). *Recherches sur les petits groupes*, Paris: PUF.

Bion, W. R. (1974a). *L'attention et l'interprétation*. Trad. do inglês por J. Kalmanovicth, Payot, Paris.

Bion, W. R. (1974b). Éléments *de psychanalyse*. Trad. do inglês por F. Robert, PUF.

Bion, W. R. (1977). *A Memoir of the Futur*, Book two. The Past Presented. Rio de Janeiro: Imago Editora, 1977, p. 143.

Bion, W. R. (1979). Aux Sources de l'Expérience. Trad. do Inglês por François Robert. Paris: PUF.

Bion, W. R. (1983). L'arrogance. In: *Reflexion faite*. Trad. do inglês por F. Robert, PUF.

Bion, W. R. (1983). *Réflexion faite* ou *L'attaque contre la liaison*, PUF, pp. 105-123.

Bion, W. R. (1985). *Seminari italiani*. Trad. de P.T. Bion e L. R. Piperno, Roma: Borla Editore, p. 62.

Bion, W. R. (1986). Catastrophic Change, Bull. Brit. *Psycho-Anal.* Soc. n. 5

Bion, W. R. (1987). *Clinical Seminars and Four Papers*. Abingdon: Fleetwood Press, p. 223.

Bion, W. R. (1989). *Une Mémoire du Futur*, Le passé du présent. Tome II. Trad. por Claude Legrand. Lyon: Césura, 1989, p. 169.

Bion, W.R. (1982). *Transformations*. Trad. do inglês por F. Robert, PUF, p. 15.

Blejer, J. (1987). Le groupe comme institution et le groupe dans les institutions. Trad. do espanhol por Raës. In: L'institution et les institutions, *Incoscient et Culture*, Dunod.

Bria, P. (1981). Catastrofe e transformazioni: Le "geometrie" della mente nelle prospetiva transformazionale di Bion: uma lettura in termini dei epistemoligia bi-logica, in *Revista di Psicoanalisi* – Anno XXVII, n. 3-4, Liglio-Dicembre (p. 493). Il Pensiero scientifico Ed. Roma.

Cohen, I. B. (1986). *The Newtonian Revolution*. Cambridge Univ. Press.

Deutsch, H. (1942). Divers troubles affectifs et leurs rapport avec la schizophrénie. In: *La psychanalyse des névroses*. Trad. por G. Rintzler, Payot, 1970.

Eidelberg, L. (1959). La psychanalyse, art, science ou bureaucracie. In: *Revue française de psychanalyse*, t. XXIII, juillet-août 1959, n.4, PUF.

Eigen, M. (1985). Towards Bion's Starting Point: Between Catastrophe and Faith. In *J.Psycho Anal*, 66, p. 321.

Fadda, P. (1987). Evoluzione in O e turbolenza psicologia. In: *Letture bioniane*, a cura de C. Neri, A. Correale e P. Fadda. Roma: Borla Editore.

Fornari, F. (1987). Pour une psychanalyse dês institutions. Trad. do italiano por C. Lingagne, in *L'institution et les institutions, Incoscient et Culture*, Dunod.

Freud, S. (1981). *La Technique psychanalytique*. Paris: Puff.

Fryerabend, P. (1979). *Contre la méthode*, trad. do inglês por B. Jurdant e A. Schlumberger, Seuil.

Gadini, R. (1981). Il cambiamento catastrófico di Bion e Il "breakdown" di Winnicott. In: *Revista di Psicoanalisi*, Anno XXVII, n.3-4, Luglio-Dicembre. Roma: Il Pensiero Scientifico Editore.

Geissmann, C; Geissmann, P. (1993). *L'enfant et sa psychose*. Paris: Bordas Editions.

Green, A. (1974). L'analyste, la symbolization, l'absence dans le cadre analytique. *Nouvelle revue de psychanalise* nº 10. pp. 225-252.

Grinberg, L. (1978). *Culpa y depressión*. Barcelona: Paidós.

Grinberg, L. (1980). *Identidad y cambio*. Barcelona: Paidós.

Grinberg, L. (1981). Ideas nuevas: conflicto y evolutión. In: *Psicoanalisis*. Barcelona: Paidós.

Grinberg, L. (1981). Vicissitudes de las relaciones entre analistas y sus motivaciones. In: *Psicoanalisis*. Barcelona: Paidós.

Grosskurth, P. (1990). *Melanie Klein, son monde et son oeuvre*. Trad. do inglês por C. Anthony, PUF.

Heisenberg, W. (1962). *La nature dans la physique contemporaine*. Idées Gallimard.

Holton, G. (1982a). *L'imagination scientiphique*. Trad. por J. F. Roberts e a colaboração de M. Abelleira e E. Allisy.

Holton, G. (1982b). *L'invention scientiphique*. Trad. do inglês por Paul Scheurer, PUF.

Jaques, B. (1974). Mort et crise du milieu de la vie. Trad. D. Anzieu. In: *Psychanalyse du génie créateur*, Dunod.

Jaques, E. (1950). Les troubles de la faculté de travail, XXI Congrès Int. de Psychanal. Copenhagen. In: *Revue Française de Psychanalyse*, PUF.

Jaques, E. (1978). Des systèmes sociaux comme défenses contre l'anxiété dépressive et l'anxiété de persécution. Trad. do inglês por A. Lévy. In: *Psychologie sociale*. Tome II, Dunod.

Joseph, E.; Widlöcher, D. (1979). *L'identité du psychanalyste*, PUF.

Klauber, J. (1968). Sur le Double usage de la méthode historique et scientifique em psychanalyse. In: *La rencontre analytique*. Trad. do inglês por J. Adamov, PUF, 1984.

Klein, G. S. (1970). Dos teorias o una? Perspectivas para el cambio em la teoria psicoanalitica. Trad. de l'américan sans refèrence du texte original. In: *Revista de Psicoanalisis*, Julio-Sept., t. XX-VII, n.3, Buenos Aires.

Klein, M. (1934). Contribution à l'étude de la psychogenèse des états maníaco-dépressifs, Le deuil et sés rapports avec les états maníaco-dérpressifs (1940). In: *Essais de psychanalyse*. Trad. do inglês por M. Derrida. Paris: Payot, 1970.

Koestler, A. (1973). *Les somnambules*. Trad. do inglês por G. Fradier. *Le livre de Poche*.

Kubie, L. (1953, 1954). Some Insolved Problems of the Scientific career. *American Scientist*, XLI, XLII.

Kuhn, T. S. (1982). *La structure des révolutions scientifiques*. Trad. do inglês por L. Meyer. Flammarion.

Langer, S. (1980). *Philosophy in a View Key, A Study in the Symbolism of Reason, Rite and Art*. 3 ed. Cambridge, Massachusetts: Harvard Univ. Press, p. 8.

Losee, J. (1972). *A Historical Introdution to the Philosophy of Science*. Oxford: The Clarendon Press.

Meltzer, D (1978). *The kleinien developpement Part III*. London: Clunie Press Publisher.

Meltzer, D. (1975). Adhesive Identification. In: *Contemporary psychanalysis*, n.11.

Meltzer, D. (1977). La terreur, la persécution et l'effroi. In: *Les structures sexuelles de la vie psychique*. Trad. do inglês de J. F. Bégoin, Payot.

Meltzer, D. (1980). *Le monde de l'autisme*. Trad. do inglês por G. et M. Haag, L. Iselin, A.M. de Châtellier, G. Nagler, Payot.

Meltzer, D. (1984). *Revue Française de Psychanalyse*. ILIV/2. Paris, PUF.

Meltzer, D. (1994). *Le Développement kleinien de la psyhcanalyse*. Bayard Trad; Pierre Geissmann e Maurice Despinoy

Meltzer, D.; Harris, M.; Howard, B. (1986). Family Patterns and Cultural Educability. In: *Studies in Extended Metapsychology*: Clinical Applications of Bion's Ideas. Clunic Press (p.156).

Menzies Lyth, I. (1988, 1989). *Selected Essays* (2 vol.), Containing Anxiety in Institutions (I), The Dynamics of the Social (I). London: Free Association Books.

Merton, R. (1973). *The Sociology of Science*. Theoretical and Empirical Investigation. The University of Chicago, Illinois, U.S.A.

Pichon, É. (1927). Position du problème de l'adaptation réciproque entre la société et lês psychismes exceptionnels. *Revue française de psychanalyse*, 1re année.

Poincaré, H. (1968). *La science et l'hipothèse*. Flammarion, 1968.

Popper, K. (1981). *La quête inachevée*. Trad. do inglês por R. Bouveresse. Calman Lévy, Presses Pocker, p. 189.

E Popper, K. (1973). *La logique de la découverte scientifique*. Trad. de N. Thyssen-Rutten e P. Devaux, Payot.

Reik, T. (1970). *Le psychologue surpris*. Trad. do alemão por D. Berger. Denöel, p. 102.

Resnik, S. (1986). *L'expérience psychotique*. Césura Lyon Édition, Lyon.

Rickman, J. (1951). Reflection on the Function and Organisation of a Psychoanalytical society. In: *Selected Contributions to Psycho--Analysis* (1957), edited by W.C. Scott. London: The Hoggart Press and The Institute of Psycho-Analysis.

Schmideberg, M. (1930). The Role of Psychotic Mechanisms in Cultural Development. *The Int. J. of Psycho-Anal.*, Vol. XI.

Scholem, G. G. (1988). *Les grands courants de la mystique juíve*, Payot, chapitre VII.

Segal, H. (1987). *Délire et créativité*, trad. do inglês por J. Chambrier e Claude Vinvent, com a colaboração de Annik Comby e o autor, *Des Femmes*.

Sor, D.; de Bianched, E.T. (1976). *Introduction aux idées psychanalytiques de Bion*. Trad. Hawelka Dunod, Paris (p. 169).

Sor, D.; de Gazzano, M. R. S. (1988). *Cambio catastrófico*. Kargieman, Buenos Aires.

Speziale-Bagliacca, R. (1988). *A hombros de Freud*. Trad. do italiano por V. Castro. Madrid: Tecnipublicaciones.

Steiner, R. (1985). Some Thoughts about Tradition and Change Arising from an Examination of the British Psychoanalytical Society's. Controversial Discussions (1943-1944). In: *Int. Re. Psycho-Anal.*, 1985, I2, 27.

Thorner, H. (1981). Notes on the Desire for Knowledge. In: J.S. Grotstein (Ed.). *Do I Dare the universe?* A memorial to W.R. Bion. London: Karnac.

Toulmin, S. (1972). *Human Understanding – The Collective Use and the Evolution of Concepts*. Vol. I, Princenton University Press.

Toulmin, S. (1973). *L'explication scientifique*. Trad. de Jean-Jacques Lecercle, Armand Colin.

Tustin, F. (1986). Naissance psychologique et catastrofe psychologique. In: *Les* états *autistiques chez l'enfant*. Trad. do inglês por C. Cler et M. Davidovici, Seuil.

Tustin, F. (1989). *Le trou noir de la psyché*. Ed. Seuil, 1989.

William, M. H. (1983). Underlying Pattern in Bion's Memoir of the Futur. In: *Int. Rev. Of Psycho-Anal.*, n.10, pp.75-86.

Wilsdom, J. O. (1984). What is Left on Psychoanalytic Theory? In: *Int. Rev. Psycho-Anal. 11 313*.

Winnicott, D. (1960). Distorsion du Moi em fonction di vrai et du faux "self". In: *Processus de maturation chez l'enfant*. Trad. do inglês por J. Kalmanovith, P. B., Payot, 1974.

Winnicott, D. (1975). La crainte de l'effondrement. Trad. do inglês por J. Kalmanovitch. In: Nouvelle *Revue de Psychanalyse*, n. 11. Paris: Gallimard, 1975.

Winnicott, D. (1989). *Letras vives*. Paris: Gallimard.

GRÁFICA PAYM
Tel. [11] 4392-3344
paym@graficapaym.com.br